Alexandria

Poetries

From

Llambi Qirilla

A Few Words About The Book

The poetry in this book is dedicated to my first granddaughter, Alexandria. Inspired by the emotions of the status of the first-time "Grandfather," looking to the new baby that came into this life, my mind created something that could be expressed better in poetry than in another way, even for the fact that, attaching a kind of melody to the poetry, it is transformed to a song. So, the desire to create verses and stanzas came to me describing her development in the first year of her life. In this meaning, these poetries are, at the same time, proofs and a kind of diary of her life in the first year.

Who are the parents and grandparents that do not sing to their babies and grandchildren? Especially in the first year of their age, when they put them to sleep, when they see their development, movements, stutters, cries, laughs, crawls, standing up for the first time, walking in an undependable way, the first pronunciation of "mama," "daddy" "nana," "dzidzidza" (grandpa, because it is harder to pronounce it in that age). Everyone sings to them in the way he/she feels or is able to do that. I did just this thing; despite the artistic-literature level of these poetries, I expressed my feelings in the best way.

I decided to publish the poetry I wrote because it is dedicated to all the babies, grandchildren, parents, grandparents, and godparents. The replacement of the name Alexandria with any other name (in those cases when the name is used because there are many poetries where the personal name is not used) makes that poetry dedicated to another baby. It is not only for this purpose but also, mainly, that the publishing of poetry in a book remains an eternal memory for my granddaughter.

Another thing I wanted to do was publish the poetry in both languages, Albanian and English, in the same book. This is because my granddaughter is an American –Albanian citizen and she will read the poetries when she is grown. She will read these not only for herself but for her friends, too. Even Albanian children are learning to read in English at this time, and this book is something that can help them practice the English language.

I thank all the readers of these poetries and their estimations.

The author

Disa Fjale Rreth Librit

Poezite e ketij libri i jane kushtuar mbeses sime te pare Alexandria. I nisur nga emocionet e statusit "gjysh" per here te pare, duke pare beben e re te ardhur ne kete jete, mendja krijoi dicka, qe me mire se poezia, mendoj une, nuk e shpreh asnje menyre tjeter, edhe per faktin se, duke i bashkangjitur asaj nje lloj melodie, ajo vetiu shndrrohet ne kenge. Keshtu lindi deshira per te krijuar vargje njera pas tjetres duke pershkruar zhvillimin ne vitin e pare te jetes se saj. Ne kete menyre, keto poezi jane prova dhe njelloj ditari i jetes se saj ne vitin e pare.

Cili prind, gjysh/gjyshe nuk i kendon femijes, nipit apo mbeses se tij/saj? E sidomos ne vitin e pare te jetes, kur e ve ne gjume, kur shikon zhvillimin e tyre, levizjet, guitjet, belbezimet, te qarat, te qeshurat, zvarritjen kembe e duar, ngritjen ne kembe per here te pare, ecjen per here te pare ne menyre te pavaruar, shqiptimet e para "mama", "baba", "nena", "xhixhixha" (gjysh, ngaqe eshte me e veshtire te thuhet). Te gjithe u kendojne atyre sipas menyrave qe ata ndjejne dhe jane te afte ta bejne kete. Kete gje bera edhe une, pavaresisht se cfare nivel letraro-artistik kane keto poezi, une kam shprehur ndjenjat e mia ne menyren time me te mire.

Vendosa te botoj poezite e shkruara prej meje, mbasi ato u perkushtohen te gjitha bebeve, mbesave dhe niperve, gjysheve dhe gjysherve, prinderve te tyre, kumbarove. Zevendesimi i emrit Alexandria me cdo emer tjeter (ne rastet kur eshte perdorur emri, mbasi ka plot poezi qe nuk perdoret emri personal) ben qe poezia ti kushtohet nje tjeter bebeje. Dhe jo vetem per kete qellim, por kryesisht, botimi i poezive ne liber mbetet nje kujtim i perjetshem per time mbese.

Nje gje tjeter qe une doja eshte qe t'i botoja keto poezi ne dy gjuhe: shqip dhe anglisht ne te njejtin liber. Kjo per faktin sepse, mbesa ime eshte me shtetesi amerikane – shqiptare dhe banon ne Amerike dhe ajo do t'i lexoje poezite kur te rritet. Ajo do t'i lexoje ato per vehte, por edhe per shoqet dhe shoket e saj. Bile edhe femijet shqiptare mesojne anglisht ne kete kohe dhe ky liber eshte dicka qe do t'i ndihmoje ata ne praktikimin e gjuhes angleze.

Une falenderoj te gjithe lexuesit e ketyre poezive si dhe vleresimet e tyre.

Autori

The star in that morning

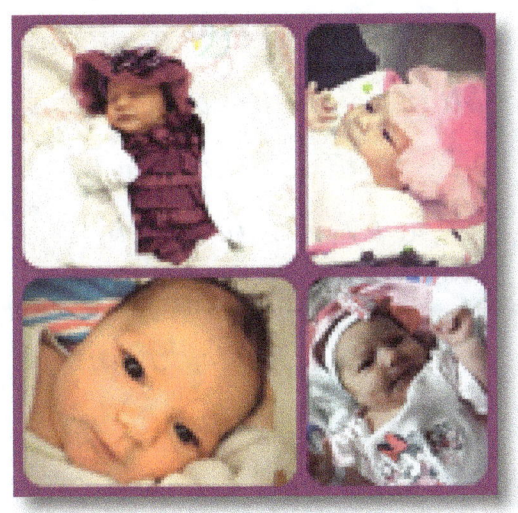

The small star starts to sing,
Her song always you hear,
Her song sounds so sweet,
Melodious as a bird's tweet.

The eyes full of brightness,
The hearts with happiness,
All of us have elation
From this star full of scintillation.

A small star was
born one morning,
From that side, the Sun
rises every morning,

Everything was
brightened that morning,
When it came
home that morning.

It is born another love,
The strongest of the loves,
Happy who feels this love
From the most blessed love.

The light entered the home,
Goodness came to this home,
Beatified this home,
Revived life in this home.

Who was born on that morning?
Which heart beats in that morning?
Who did we rejoice for in that morning?
For our Alexandria in that morning.

Ylli ne ate mengjez

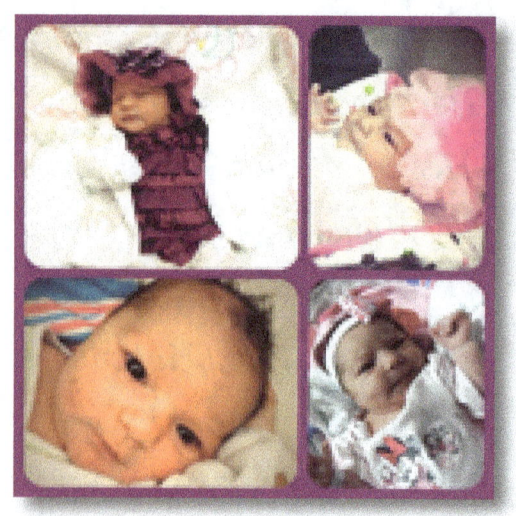

Mbushen syte me ndricim,
Mbushen zemrat me gezim,
Te gjithe kane ngazellim,
Nga ky yll plot shkelqim.

Lindi nje tjeter dashuri,
Me e forta dashuri,
Lum kush e ndjen kete dashuri,
Nga me e bekuara dashuri.

Kush lindi ate mengjez?
Cila zemer rrahu ate mengjez?
Per ke u gezuam ate mengjez?
Per Alexandrian tone ate mengjez.

Nje yll i vogel lindi nje mengjez,
Nga lind dielli cdo mengjez,
Ndricoi cdo gje ne ate mengjez,
Kur erdhi ne shtepi ate mengjez.

Hyri drita ne shtepi,
Erdhi e mira ne kete shtepi,
U lumturua kjo shtepi,
Rigjalleroj jeta ne kete shtepi.

Yll i vogel nis kendon,
Kengen e saj gjithmon degjon,
Kenge e saj embel tingellon,
Si cicerime e zogut melodion.

The dreamers

Nine dreamers eagerly yearning,

Were, for the first child, expecting.

In this, and that side of the Atlantic,

The dreamers saw the copy of the mosaic.

They were counting the days, the weeks,
and the months,

When should come that wished instant?

It was the end of the winter, the
spring was coming,

But even it, nothing,
nothing was bringing.

Except the vision that was growing
would be obvious,

The baby looked rounded in the
belly, enormous.

From this sign, the bean looked good,

The long-awaited baby
would be girlhood.

The summer came and
brought other flowers,

But, even it did not bring
the new annals.

The happiness and joy, combined with
the suppression,

Were increasing our anticipation.

The flower was growing slowly in the
warm greenhouse,

Gently was coming the moment to
transplant in the ground.

But here, the leaves changed to
yellow against,

*The autumn seemed open and
occupied its place.*

*It was it, the most expected
season of the year,*

*Despite that the leaves were
falling from the fig.*

*The flower of the flowers would come
out in that time,*

*With its petals, like no other
flower dehisce.*

No more counting of the long months,

*It's the turn of the week to
start that math.*

But not so long it would resist,

*Because of the day's
impatience would persist.*

*It's coming, it's coming, it's
coming, the end,*

*The impatience is not appropriated in
this residence.*

The long-awaited day arose as the Sun,

*The most pretty morning came
down from the sky.*

*The eighth of November of two
thousand and twelve,*

*Birthed the Beauty of the Earth in
the blessed land.*

*The waiting time finished
for the dreamers,*

*Instead of it, they changed
to the keepers.*

Enderrimtaret

Nente enderrimtare te etur per malle,
Prisnin padurimthi femijen e pare.

Ne kete, dhe ate ane te Atllantikut,
Enderrimtaret shihnin kopjen e mozaikut.

Numuronin ditet, javet dhe muajt,
Kur duhej te vinte ai moment i uruar.

Ishte fundi i dimrit, pranvera po vinte,
Por edhe ajo asgje, asgje nuk do te sillte.

Vec do rritej gjendja, do dilte ne pah,
Rrumbullake bebja dukej ne bark.

Sipas kesaj gjendje, mire dukej batha,
Bebja e shumepritur do ishte hataja.

Erdhi edhe vera me lule te tjera,
Por as ajo nuk solli habere te reja.
Hareja e gezimi
nderthurur me trishtimin,
Po rrisnin me tej, tonin padurimin.

Lulja rritej ngadale ne seren e ngrohte,
Ngadale vinte koha te mbillej ne toke.

Por ja, filluan gjethet te
zverdhen me pas,
Vjeshta, dukej sheshit ,po
zinte vendin e saj.

Ishte ai, me i prituri sezon i vitit,
Pavaresisht se gjethet po
binin prej fikut.
Lulja e luleve ne ate kohe do te delte
Me petalet e saj, si lule tjeter s'celte.

Mbaruan se numuruari muajt e gjate,
Erdhi radha e javes te zinte vendin e pare.

Por jo aq gjate ajo do rezistonte,
Se padurimi i diteve do ta luftonte.

Po vjen, po vjen, po vjen fundi i tij,
    Padurimi nuk ka me vend
      ne keto shtepi.

Dita e shumepritur lindi si dielli,
Mengjezi me i bukur zbriti nga qielli.

Tete Nentori i dymije e dymbedhjete
    Lindi te Bukuren e Dheut ne
      token e shenjte.

Per enderrimtaret mbaroi pritja,
    Vendin e saj e zuri Mikpritja.

Alexandria

Why not, it has been told,
He to come back to this world,
Because He swore when He left,
He will return refreshed.

Only the Sun knew what
It will happen in that spot,
The most beautiful girl of Zeus
Would come from Venus.

Oh, how the beams the sun emitted
On that morning when alighted!
It was third autumn of the 2012 year,
But it shone like the first one in the rear.

The word quickly spread throughout,
To all the lovers in the first round,
The blessed baby was born
That so much is adorned.

What would have happened possibly?
The people were asking audibly.
Messiah had planted a seed
To bring us the first creed!?

The influx rushing to see
The new, rare jewelry.
Ah, it seems so bright,
As an illuminated light!

Look at this worship creature!
Everything on her is a feature,
From the head to the feet
Each cell is sweet.

What perfection has created
In this blessed being well-awaited?
Has God given to her possibly
His power intentionally?

Blessed be His will!
Our thanks go to Him,
That our word He heard
And sent to us the most precious girl!

But, what she should take as a name?
One to be as a flame!
The one that comes from mythology-a
Let her be called **ALEXANDRIA**.

Alexandria

Oh, cfare rrezesh dielli leshoi
Ne ate mengjez kur verdhoi!
Ishte vjeshte e trete 2012 moti,
Por ndriti si Viti i Pare qemoti.

Cfare do te kete ndodhur valle?
Pyet njerezia endur verdalle.
Mesia te kete mbjelle nje fare
Te na sjelle fate e pare?!

E pse jo, ka qene e thene
Ai te kthehet prape ne t'eme.
Se kur iku u zotua,
Do te kthehej i rifreskuar.

Dielli vetem e dinte cfare
Do te ndodhte ne ate mehalle.
Me e bukura vajze e Zeusit
Do te vinte prej Venusit.

Shpejt u perhap fjala mbare
Ne gjithe te dashurit per se pare.
Lindi bukuria e uruar
Aq shume e deshiruar.

Nxiton dyndja per te pare
Xhevahirin e ri, te rralle.
Ah, si duket sa e ndritur,
Si diamant i vetetitur!

Shihni kete krijese te adhuruar!
Cdo gje ne te eshte e praruar,
Qe nga koka deri tek kembet,
Cdo qelize eshte e embel.

Cfare perfeksioni ka krijuar
Ne kete qenie te bekuar!?
Zoti valle i ka dhene
Fuqine e Tij pa na thene!?

Bekuar qofte vullneti i Tij!
Falenderimet tona i shkojne Atij,
Qe fjalen tone e degjoi
Dhe me te vyeren vajze dergoi.

Por per emer cfare te kete?
Nje qe te jete perjete.
Nje emer qe vjen nga Perendia,
Le te quhet **ALEXANDRIA**.

The dreamed day

The dreamed day and the days by us
Finally came down from the clouds.

Brought happiness, great joy,
Waited as long as it made us cloy.

The dreamed day highlighted
what was aspired,

Conceived by the time from the
blessed desire.

It brought the adoration,
the living dream,

Weaved from the art and rare yearn.

Everything we expected,
everything we wished,

As we perceived and figured it.

Small, beautiful, white as the snow,

The most precious being from every show.

There is no excitement,
not a telling way,

What we are feeling never has
been displayed.

We look to the small hands, the
small legs enough,

The most expensive stuff never
has had a craft.

What about the nice head, the
body as an emerald,

We feel to captivate them, to
squeeze in our lap.

Look at those eyes, the round mouth,

Do not forget the cheeks that are stout!

Nothing you can say about the ears
contiguous to head

And the small chin so beautiful engraved.

It is the creature, the miracle itself,

Nothing more glorious will come
in this sphere.

It stays in our hands as a pearl

Attention! Keep her well! It is frail.

The most precious thing for us will be,

As long as it will exist the world and we.

She will hold us always together,

As we are now, for all life, forever.

Díta e enderruar

Dita e enderruar kohesh prej nesh,

Erdhi me ne fund e zbritur prej resh.

Solli lumturine, gezimin e madh tone,

I pritur kaq kohe nga padurimi jone.

Dita e enderruar ndriti c'ka ish uruar,

E ngjizur prej kohesh nga
deshire e bekuar.

Solli adhurimin, imazhin e gjalle,

Te thurrur prej artit dhe mallit te rralle.

Gjithshka kishim pritur,
gjithshka deshironim,

Ashtu sic e shihnim dhe e figuronim.

E vogel, e bukur, e bardhe si bora,

Me e vyer qenie nga e gjithe bota.

Nuk ka ngazellim, nuk ka te treguar,

C'ka po ndjejme ne, nuk mund
te jete shkruar.

I shikojme dockat, kembet e vogla mjaft,

Me te shtrenjta gjera nuk
ka asnje esnaf.

Po koken e bukur, trupin si inxhi,

Te vjen ti rrembesh, ti shtrengosh ne gji.

Shihi ato sycka, gojen rrumbullake,

Mos harro dhe faqkat ashtu topolake.

S'ke c'thua per veshet
pas kokes puthitur

Dhe mjekren e vogel aq bukur skalitur.

Eshte krijesa, mrekullia vete,

Asgje me e madherishme s'do
te vije ne jete.

Rri ne duart tona si margaritar,

Kujdes! Mbaje mire! Eshte delikat.

Gjeja me e cmuar per ne do te jete,

Sa te jete bota edhe neve vete.

Do te na mbaje gjthmone
keshtu te bashkuar,

Si jemi tani dhe perjete e shkuar.

Janar 2013

The name

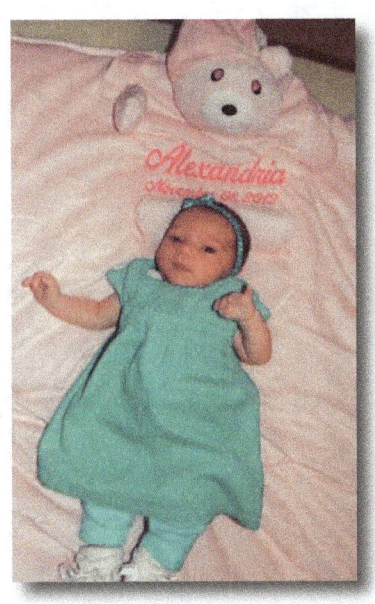

Your name is meaningful,

It has power and is peaceful,

God created it for goodness

To protect the manhood with wariness.

The men went to fight

And they did not know if would be alive,

They went to protect their country,

To protect their family and phratry.

To protect their sisters and brothers,

To protect all their scions,

To protect the land where the
bread was planted

And the table where it
was transplanted.

Like this, He named
"Goodness" on purpose

With the second name
"Alexandria" in person,

He sent her to every battle field

To give defense to the Jews.

Even later He used it,

That name He created,

To help Trojans and Greeks,

To become kings.

Like this, it was created the big empire,

And Alexandria-city from
the same desire

From Alexander the Great,

That remained as a dream back.

Alexandria

This sensational name was used
From the people rich and poor,
From everyone who appreciated it
More value to it added.

Your grandfather used it too,
Despite the fact from where he it took,
And he kept it proudly,
The day will come
another would inherit.

And here it is, Alexandria
was born fitness,
The youngest girl from "Goodness",
Full of dignity and clever,
She will be a Lady forever.

Emrí

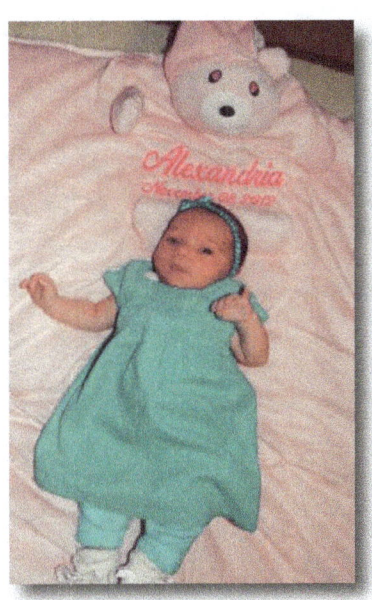

Emri jot eshte kuptimplot,
Ai ka force se ka nje zot,
Ai e krijoi per miresine,
Per te mbrojtur burrerine.

Shkonin burrat te luftonin
Dhe nuk dinin a do te rronin,
Shkonin te mbronin vatane,
Te mbronin memen e babane.

Te mbronin motren dhe vellane,
Te mbronin gjithe te paret tane,
Te mbronin token ku buka mbillej,
Dhe sofren ku ajo vihej.

Keshtu, Ai quajti "Miresi"
Me emrin e dyte "Aleksandri".
E dergoi ne cdo fushe beteje
T'u jepte mbrojte hebrenjve.

Edhe me vone Ai perdori
Ate emer qe krijoi,
Te ndihmonte trojane e greker
Te bente prej tyre mbreter.
Keshtu lindi e madhe perandoria
Dhe me vone qytet-Aleksandria,
Prej te Madhit Aleksander,
Qe prapa mbeti si nje enderr.

U perdor ky emer i bujshem
Nga te pasur dhe te vujshem,
Prej kujtdo qe e vleresoi
Dhe me tej vlerat ja shtoi.

Alexandria

E perdori edhe yt gjysh,
Pavaresisht se nga e kish,
Por e mbajti me krenari,
Do vinte dita per trashegimi.

Keshtu lindi Alexandria,
Me e reja vajze nga Miresia,
Me dinjitet dhe pervoje
Do te jete perjete Zonje.

We dreamed about you

I received the news
Gladsome,
Your embryo
Had just begun.

Although I didn't expect
To happen so quickly,
Again, I was glad
Emotionally.

I still didn't know
If you were a lad,
Or you were a girl
As in a tale.

Quickly I learned
Even it,
The technology today
Solves these.

You were a girl,
The Lord's decision,
We awaited
Adjuration.

You entered then
In our fantasy,
You occupied our mind
Totally.

We did not know
How you would be,
From which side
Your face would see.

But we did not think
Too much about this,
We dreamed
For other things.

We dreamed
About your eyes,
What color would be?
Wishing like skies.

Their form
To be as an almond,
Large from your Mother
To come beyond.

We dreamed about
Eyelashes long,
How they would be,
We didn't know at all.

We liked them
To be black,
From the daddy's
Shouldn't be back.

We dreamed
For a nose to be idyllic,
In the middle of the face
To be symbolic.

Your lips
To be luminous,
Red and bright,
The special medusa.

We dreamed
For the hair to be long,
To fall on the shoulders
With color gold.

The face and the head
We wanted perfect,
We cannot share
In which aspects.

Your body
To have harmony,
With hands and feet
As a deity.

We dreamed permanently,
Even without cease,
The dreams didn't let us
Stay in peace.

Now you are among us
Vigorous and biblical,
Here among us
You are magical.

You are more
Than what we conceived,
You
surpassed our dreams,
We couldn't imagine.

The dreams usually
Are surreal,
But in this case,
You are the ideal.

You came up to light
Over of our dreams,
You came to this life
To become neat.

Enderroním per ty

M'u dha lajmi
I gezuar,
Embrioni jot
Sapo kishte filluar.

Megjithese nuk e prisja
Te ndodhte aq shpejt,
Perseri u gezova
U emocionova krejt.

Akoma s'e dija
Ne ishe djale,
Apo ishe vajze
Si ne perralle.

Shpejt e mesova
Edhe kete,
Teknollogjia sot
E zgjidh ate.

Ti ishe vajze
I Zotit vendim,
Ne po te prisnim
Me deshirim.

Ne enderrat tona
Ti hyre atehere,
I uzurpove ato
Pernjehere.

Ne nuk e dinim
Si do te ishe,
Nga cila ane
Ti do te ngjisje.

Por nuk mendonim
Per kete shume,
Ne enderronim
Per te tjera pune.

Ne enderronim
Per syte e tu,
Cfare ngjyre do te kishin?!
I donim blu
Forma e tyre
Te ishte bajame,
Te medha nga mami
Te vinin te ngjashme.

Ne enderronim per
Qerpike te gjate,
Si do te ishin,
Se dinim aspake.

Ne donim ata
Te ishin te zinj,
Nga ato te babit
Mos kishin dallim.

Ne enderronim
Per hunde fisnike,
Ne mes te fytyres
Te ishte simbolike.

Buzet e tua
Te ishin brilante,
Te kuqe , te ndritura,
Meduze e vecante.

Ne enderronim
Per floket e gjate,
Te derdhura mbi supet
Te ishin te arte.

Fytyren dhe koken
I donim perfekte,
Dot nuk i ndanim
Ne cilat aspekte.

Trupi i jot
Te kishte harmoni,
Me duar dhe kembe
Si nje hyjni.

Enderronim perhere
Edhe pa rreshtur,
Enderrat s'na linin
Te rrinim te heshtur.

Tani je mes nesh
E gjalle, biblike,
Ketu midis nesh
Ti je magjike.

Ti je me shume
C'ka ne enderronim,
I kalove endrrat tona,
S'mund te perfytyronim.

Endrrat zakonisht
Jane ideale,
Por ne kete rast
Ato mbeten vasale.

Dole ti ne drite
Mbi cdo enderr tone,
Erdhe ti ne jete
Te besh jehone.

The blessing of your grandfather

Since in the first moment I heard
You were conceived my lady girl,
My mind got excited from happiness
And here came Blessedness.

Maybe you come into this life
Full of health and peaceful nights,
Like the children are overblown
From the world of unknown!

May you grow up with
Mather and Father
And with sister and brother,
Be surrounded always
From the lovely friends!

May you have elation in growing,
And joying,
In the upbringing and playing,
And the same in the knowing!

May your brilliant eyes
Bright without mass,
For every achievement
And accomplishment!

Enjoy the childhood,
Also the youth hood
With joy and gladness
Become a new prioress!

May you reach the top of knowledge
For the sake of authenticity,
Invent each of unreached
And your name to be bewitched!

God to be your leader
In every field as your spirit pleader,
To give you the inclination
To accomplish your mission!

Let the generations know,
Once upon a time, you have been also,
As a track narrative for them,
May you become an
illuminated lantern!

BEKIMI I JOT GJYSHI

Qysh kur mesova per ty Zane,
Ne momentin e pare qe ishe zene,
U gjallerua mendja nga gezimi
Dhe erdhi pernjeheresh bekimi:

Ardhc ne kete bote
E shendetshme dhe e plote,
Ashtu si vijne femijet
Nga bota e padijet!

U rritc me nene e babe
Dhe me njerez mbane,
Qofsh gjithmone e rrethuar
Nga njerez te dashuruar!

Ngazellim pac ne rritje
Edhe ne mirerritje,
Ne lodra e gezime
Edhe ne mesime!

Syte e tu brilante
Shkelqefshin pa mase,
Per cdo arritje
Edhe perteritje!

E gezofsh femijerine
Ashtu edhe rinine,
Me gaz e hare
U befsh nene e re!

Arritc majen e diturise
Nen hirin e vertetesise,
Zbulofsh cdo te paarritur
Dhe gdhendc emrin jot te ndritur!

Zoti te jete prijes
Ne cdo fushe te dijes,
Te dhente fuqine e pamate
Te permbushesh misionin T'ate!

Brezave u ler te dine
Se dikur ke qene dhe Tine,
Ndaj per ta udherefyese
U befsh fanar ndricuese!

We pray the fate

Can you tell me what pearl
Has more value than this newborn girl?
It is no wonder
That no one can give me an answer.

To get out of the agony
Should have knowledge
from the cosmology.
It is not so easy to pursue
And distinguish this issue.

But, let us try a little bit
And not pull back from it,
Because in the end,
We are not going to be dead.

God always has a goal,
When He fixes His paragon
And He sends His stork,
To embroider His fancywork.

He gives breath, makes him divine,
Gives him also, the heavenly light.
He gives power and sends him
To accomplish His mission hymn.

He does this thing rare,
Rare and very much rare.
But, here it stays the beauty,
The value rises from the rarity.

This happens once in two
thousand years,
And it was told to happen this year.
Despite the fact what gender
The missionary is His Sender.

It is blessed who has the good luck,
To take His mission as a load,
His envoy to be
In this world a copy of His.

Let us pass from the cosmology
To the famous anthropology,
Because the logic teaches us like this,
From the theory to the practice.

How the newborn girl came?
From the desire of Himself,
She took light and breath
From the majesty breathe of His.

Rare is the creature,
That came as a future
For them that fell in love
And brought this girl to life.

But, why should we vote
Our girl to assort,
And she to have more values
From all the newborn babies?

Because we pray to the auspicious Fate
To give her the mission as a trait
And she to be His messenger
In this world, His presenter.

I Lutemi Fatit

As me thoni, cila perle ka me vlere
Nga kjo vajze qe sapo ka lere?
Nuk eshte aspak cudi
Qe askush nuk e di.

Te dalesh nga agonia
Duhet te dish nga kozmogonia.
Nuk eshte edhe aq e lehte
Ta ndash ate te shkrete.

Por ja, le ti mundohemi pak
Dhe te mos i ndruhemi aspak.
Se fundja me ne fund
S'kemi per te dale te mund.

Zoti gjithmone e ka nje qellim
Kur ujdis kopjen e Tij,
Dhe nga me i vyeri material
Qendis te Vetin margaritar.

I jep jete e ben hyjnore,
I jep edhe drite qiellore.
I jep force dhe e nis
Te permbushe mision e Tij.

Dhe kete gje e ben rralle
Rralle dhe shume rralle.
Por, ketu qendron dhe bukuria,
Vlera rritet nga rrallesia.

Kjo ndodh nje here ne dymije vjet
Dhe ishte thene te ndodhte sivjet.
Pavaresisht se ne cfare gjini
Misionari vjen si hyjni.

Lum kush e ka fatin e mbare
Te marre misionin si barre,
I derguari i Tij te jete
Ne kete Toke perjete.

Tani te kalojme nga kozmologjia
Tek e famshmja antropologjia.
Se keshtu na meson logjika
Nga teoria tek praktika.

Nga erdhi vajze e sapo lere?
Nga materiali me me vlere.
Mori drite edhe jete
Nga i madhi Zoti vete.

E rralle eshte edhe krijesa,
Qe erdhi nga denesa
E atyre qe u dashuruan
Dhe me mall u trasheguan.

Por perse te votojme,
Vajzen tone te dallojme,
Nga te gjithe te sapo lera
Te kete me shume vlera?

Sepse i lutemi Fatit te mbare
Qe ti jape misionin si barre,
Dhe e derguara e Tij te jete
Ne kete Toke Perjete!

How you look at me

How do you look at me like this
With that eye in a blue tint?
Through the half-opened eyelid
You look at me so sighted.

Set in on that weaved basket,
Covered with that furry blanket,
The small hands stay out bare,
It's a pleasure to see them, there.

What is the eye looking
In the way it's posing?
Maybe it asks to come forth
In grandpa's hands to feel comfort.

And grandpa understands
From the cloth, he uncovers you fast,
He lifts you up from the basket,
To keep you in his hands as an asset.

Now you feel more coziness
Even better than in a bed,
Look how your face is smiling,
Like you earned a souvenir.

But you are not the only one glad
On those hands where you stay,
Because grandpa looks mirthful
Holding you, he feels blissful.

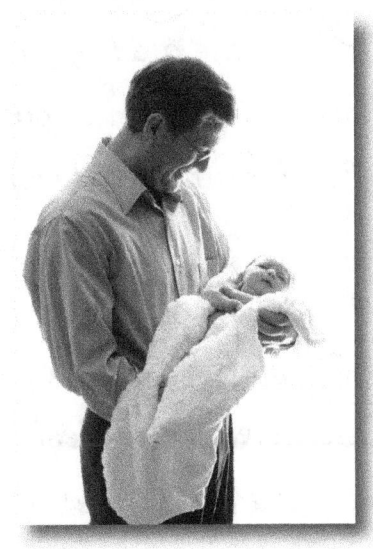

Sí me shikon ashtu

Dhe grandpa te kupton
Shpejt nga rroba te zbulon,
Dhe prej koshit te ngre hopa
Te te mbaje ne duart e ngrohta.

Tani djehesh me rehat
Bile edhe se ne krevat,
Shiko si fytyra buzeqesh
Sikur te dhane nje peshqesh.

Si me shikon ashtu
Me ate sy ngjyre blu,
Nga qepalla gjysme e mbyllur
Me sheh me veshtrim te ngulur.

Por e lumtur nuk je vec ti
Ne ato duar ku ti rri,
Se grandpa qesh me shume
Te te mbaje ty, ndjehet fatlume.

Futur ne ate te thurur kosh
Mbuluar me ate lloj gezof,
Dockat jashte rrine bosh
Te kenaqin ti shikosh.

Cfare, syri po shikon
Ne ate menyre si qendron?
Ndoshta kerkon te dalesh jashte
Ne krahet e grandpa te shijosh rehate?

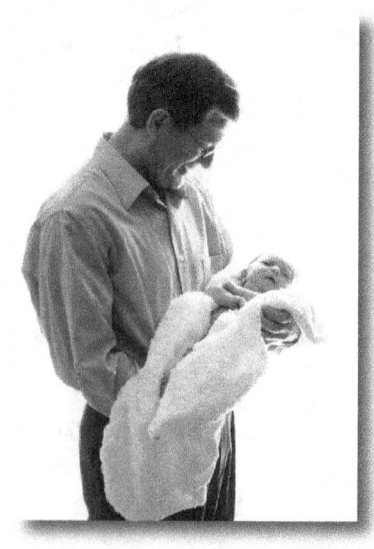

I think about You

I stay at the meeting as a form,
But the mind I do not hold,
My mind elsewhere has arrived
And I say: prattle, but I am not revived.

My mind is full
From the desire to look,
And see you sooner or later
For you to take care of forever.

I wake up early in the morning
And go to my job without dawning,
I start the endless work
To finish what I can afford.

And the thoughts are weaved long
As an endless song,
from the first moment,
To the higher achievement.

But soon, I realize I don't think
about what, right there I am doing,
The mind has gone elsewhere
To you, my little adorable mademoiselle.

I think of the astonished face
In the undisturbed rest,
I think of your skilled movement
And the stammering commitment.

The fingers press on the keyboard
Without knowing what is convolved,
But even if I make any mistake,
You help me to correct.

I think of the first moment of progress
As the first moment of independence,
And your first stammering word
Will be the first diploma of polyglot.

I think how well you're going to make
And how easy the tests you will take,
With your steel will
The doctorate titles you will win.

I think there is not any barrier
To preclude you in your career,
You will walk toward invincible
To your future, glorious.

I think at the top of knowing
I'll see your face lighting,
And for your skill without precedent,
I will wish you: Happy President!

Mendoj per ty

Zgjohem, mengjezi pa arrire
Dhe shkoj ne pune pa gdhire.
Filloj punen e pafund
Te perfundoj cfare te mund.

Por shpejt kuptoj se nuk mendoj
Per ate cfare po kerkoj.
Mendja gjetke paska shkuar
Tek ty, e vogla ime e adhuruar.

Shtypin gishtat ne tastjere
Pa ditur se cfare eshte tjerre.
Por, edhe ne se bej nje gabim,
Ti me ndihmon ne korrigjim.

Dhe ne mbledhje rri degjoj,
Por mendjen nuk e posedoj.
Mendja gjetke ka arrire
Dhe thote: bjeri se i bie mire.

Mendja ime eshte uzurpuar
Nga deshira e bekuar:
Te te shoh ty shpejt a vone
Per ty te kujdesem pergjithmone.

Dhe mendimet enden gjate
Si nje perralle e pamate.
Prej momentit me te pare
Deri ne arritjen me te larte.

Mendoj fytyren e mrekulluar
Ne gjumin e pashqetesuar.
Mendoj levizjet e tua te shkathta
Dhe belbezimet si fjale te arta.

Mendoj momentin e pare te ecurise
Si momentin e pare te pavaresise.
Dhe belbezimi i pare i joti
Do te jete diploma e pare prej poligloti.

Mendoj se sa mire do te mesosh

Dhe sa shpejt testet do ti kalosh.

Me vullnetin tend te hekurt

Doktoraturat do te jene thekur.

Mendoj, se nuk ka asnje barriere

Te te pengoje ty, le te bjere.

Ti perpara do ecesh e pathyer

Ne karieren tende te shkelqyer.

Mendoj se ne majen e diturise

Do te shikoj fytyren tende te ndrise.

Dhe per aftesite e tua pa precedente

Do te te uroj ty: Gezuar Presidente!

The Godmother

You waited for the new baby
With eyes beaming,
Like ours
Your eyes twinkling.

What else to say?
There's nothing that is unknown,
What we were doing,
You were doing as well-own.

From the interest you had
You were among the first,
Just as we waited
You also waited with thirst.

To come to extinguish the fire,
That fire that warmed us,
You cut off the fastest day,
Because it glowed to you thus.

Day by day you asked
What was going on,
As we followed,
You followed it along.

The distance didn't stop you,
The yearn worth more,
You came quick as lightning
To see what was born.

Even at the last moment,
Despite the non-presence,
You gave us a call
Suddenly from your residence.

It didn't lie what you saw
In your arms when you got her,
Like us and you
Immediately you felt the spur.

What words you didn't speak,
All of them with no edit,
There was no other way,
Everything was merit.

What do the bags have inside?
Numerous gifts!
Like us that didn't know what,
And you made a long list.

Seek here and look there,
Turn this and buy another,
The same every day
Until those were found with wonder.

To love a baby like this,
It is a divine feeling,
God bestowed her to us,
But to you did the same dealing.

There's no day you don't ask
And the joy to engulf,
The same as us,
When you see her healthy enough.

We send our thanks to you,
And the wish we're expressing:
The same as us,
May God give you the blessing!

KUMBARJA

E prite beben e re
Me syte qe ndriconin,
Ashtu si edhe tonat
Syte e tua vezullonin.

E cfare te thuash tjeter?
S'ka gjera qe si di,
Cfare benim ne
Beje edhe Ti.

Nga interesimi qe kishe
Ishe nder te paret,
Ashtu si edhe ne prisnim
Prisje edhe ti sipare.

Te vije te shuaje zjarre,
Ate zjarr qe ne na ngrohte,
Preve diten me te pare,
Se edhe tek ty pervelonte.

Dita nga dite pyesje
Cfare ndodhte me gjendjen,
Sic edhe ne e ndiqnim
Aty e kishe dhe ti mendjen.

Nuk te ndali largesia,
Malli me shume vlente,
Erdhe shpejt si vetetima
Shojte cfare prej kohesh zjente.

Edhe ne moment te fundit,
Pavaresisht nga jo prezenca,
Na more ne telefon
Pernjehere nga rezidenca.

Nuk te genjeu cfare pe
Ne krahet e tua kur e more,
Ashtu si ne edhe ti
Pernjehere u marrove.

Cfare fjale nuk fole
Te gjitha pa menduar,
Nuk kishte ndryshe te ndodhte
Gjithcka ishte e merituar.

Cfare brenda kane cantat?
Dhurata pambarim!
Si ne qe nuk dinim cfare,
Edhe Ti, i zgjodhe me mundim.

Kerko ketu e shiko atje,
Kthe kete e bli nje tjeter,
Cdo dite te njejten gje
Deri sa me te mirat u gjeten.

Te duash keshtu nje foshnje
Eshte nje ndjenje hyjnore,
Zoti na e fali ne,
Por dhe ty, nga e njejta faltore.

Nuk ka dite qe nuk pyet
Dhe te ngazellehesh fort,
Ashtu si edhe neve,
Kur shikon faqkat e saj plot.

Falenderimet tona te dergojme
Dhe merr nga ne urimin:
Ashtu si edhe neve
Zoti te dhente bekimin!

Janar 2013

Your Eyes

When they're serious
Or they are shining,
They give to the face
A famous emphasis.

The dark eyeball
In the center of the whiteness,
As the oasis of life
In the middle of wilderness.

Your beautiful eyes
Stay inside
In those symbolic holes
Of artistic mines.

Their movement
The earth rolls
And the mind goes around
When it sees those.

The combination of the sky
And the ocean when in calm,
Are your eyes
in the sunny time.

The eye tail
Perfectly designed,
Haley comet
Feels ignored.

When sees to them,
As to the universe,
The end doesn't seem,
Infinity reveals.

The proud eyebrows,
Very beautiful
Stand curved,
And make the shade full.

They are so attractive,
Feels to immerse,
But when they gather,
Make you dismay.

The eyelids as petals,
White as a rose,
Their charm,
The sylph recalls.

Their motion,
Full of elegance,
When they go down and up,
Create resonance.

The long eyelashes
With the black twist,
The strands of silk
Create jealousy.

Their union,
The rare fantail,
Cannot see twice
The mind rolls as a sphere.

Like this are created
And combined
The fantastic features
To your smart eyes.

Syte e Tu

Edhe kur shkelqejne
Apo jane serioze
I japin fytyres
Pamje famoze.

Kokerdhoku i erret
Ne mes bardhesise
Si oaz i jetes
Ne mes shkreterires.

Syte e tu te bukur,
Qendrojne te futur,
Ne ato groptha simbolike
Minierash artistike.

Levizja e tyre
Boten rrotullon
Dhe mendja vertitet
Ato kur shikon.

Kombinimi i qiellit
Dhe oqeanit te thelle
Jane syte e tu
Ne ditet me dielle.

Bishti n'ane te syrit
Perfekt dizenjuar
Kometa Harley
Ndjehet e injoruar.

Kur shikon tek ta,
Si tek gjithesia,
Fundi nuk duket
Shihet pafundesia.

Vetullat krenare
Te bukura fort
Qendrojne te harkuara
Bejne hije plot.

Jane aq terheqese
Te vjen te kridhesh,
Por kur ato mblidhen
Te bejne te dridhesh.

Qepallat petale
Trendafili i bardhe
Hijeshi e tyre
Kujton shtojzovallen.

Levizja e tyre,
Plot me elegance,
Kur ulen e ngrihen
Krijojne rezonance.

Qerpiket e gjate
Me harkun e zi
Fijet e mendafshit
I kane zili.

Bashkimi i tyre
Erashke e rralle,
Si shikon dy here
Mendja vjen verdalle.

Keshtu jane krijuar
Edhe kombinuar
Vetite fantastike
Tek syte e tu te zgjuar.

02/18/2013

The cherries

They were from the rare
cherries in the world,

Because they didn't plant in
the slack shore,

With the greatest solicitude,

They were treated with
special plenitude.

The cherry trees thrived with
flowers in Spring,

But they did not give their fruits
in the fall eve,

They fed and baked them
with summer heat,

Sweeten them and at the
late autumn picked.

They stay close to each other like this,

And are similar in the way they appear,

They have similarity in other attributes,

But over all because they are marvelous.

Their names follow from
the other worlds,

From the lost worlds as a stars' pose,

Alexandria and **Sofia** so sweet ding,

As all the times couldn't
have extinguished.

Red in the winter, the cherries disparity,

But their contrast creates the beauty,

By that time their sweetness
was increasing,

Oddly, in the winter that freezes!

Small, beautiful as the mind devastate,

But with the attribute that the
heart mitigate,

Nothing is lost even when they're apart,

But both? The beauty wears the
golden yashmak.

The destiny born and kept them close,

Like the tails of cherries from the
same stem hang on,

The time will come and they will go

To their roads that again
they can rejoin.

We will sing then another song,

A song that will sound
with another dong,

No more the song about
the infant beauty,

But the song about their maturity.

Like that, beauty and full of wit,

To fulfill their trees with deeds,

Their future to be always bright,

Because they are
themselves such delight.

QERSHITE

Ishin nga te rrallat qershi ne bote,

Sepse nuk u mbollen ne toke te ploget.

Me me te madhen perkujdesi,

U trajtuan si te vecanta qershi.

Ashtu, prane njera tjetres qendrojne,

Jane te ngjashme nga
menyra si shikojne.

Kane te ngjashme dhe te tjera veti,

Por mbi te gjitha, kane se jane hyjni.

Celen lulet qershite ne pranvere,

Por frutet e tyre s'i dhane ne vere.

I rriten, dhe me te nxehtin e saj i poqen,

I embelsuan dhe ne te thellen
vjeshte i volen.

Emrat e tyre nga bote te tjera vijojne,

Nga botet e humbura, qe
si yje qendrojne.

Alexandria dhe Sofia aq embel jehojne,

Sa gjithe kohet s'kane mundur ti shojne.

Te kuqe qershite stononin ne dimer,

Por kontrasti i tyre
krijonte madheshtine.

Embelsia e tyre sa vinte e rritej,

Per cudi, ne dimrin qe ngrinte!

Te vogla, te bukura sa
mendjen shkallojne,

Por me vetine qe zemren qetesojne.

Asgje s'humbet edhe kur jane vec,

Por te dyja? Bukuria vellon e arte vesh.

Fati i lindi dhe i mbajti prane,

Ashtu si qershite kane bishtin ne maje.

Do te vije koha dhe ato do te shkojne

Ne rruget e tyre, qe perseri
mund t'i bashkojne.

Do t'u kendojme atehere nje kenge tjeter,

Nje kenge qe jeta e kerkon patjeter.

Nuk do t'u kendojme
bukurine foshnjore,

Por do t'u kendojme mencurine rinore.

Ashtu te bukura e me mencuri plot,

Te mbushin pemet e tyre perplot.

E ardhmja e tyre te ndrise si ar,

Sepse vete ato jane margaritar.

02/07/13

The big embrace

Under the white skin
And the fairy eyelids
You hide those two jewels
From the light of day just renewal.

The opened arms farther-farther,
The end of them graved marble,
None parchment has ever written
Such an art so enlighten.

Comfort in that kind chaise long
With rhythmic swing of the wagon,
Under the sweet musical sounds
Your being looks famous.

What is your brain thinking perhaps
In this very rare moment?
Which is that concept
Your face has such fret?

Under the pink shadow florid
The atmosphere has no limit,
The paradise has come down
To pet the newborn soul.

Why are those arms opened
In both sides with that motion?
Who is going to find out why?
The lottery will win whereby.

There are no eyes that look at you
And not flashing through,
With the lighting that they do not know
Where it comes? It comes from you.

But do not worry if you do not find it
The rooster is not singing for thee,
Somewhere else the Drums are played
To them that are hardly prepared.

Come on mama, come on pater!
Come on grandma, come on uncle!
Come here fast grandpa!
Embrace me, stand me up!

Perqafimi i madh

Nen lekuren bardhore
Dhe qepallat perrallore,
Fsheh ti ata dy xhevahire
Nga drita e sapo gdhire.

Krahet e hapura tej e tej
Fundi i tyre i gdhendur mermer,
Asnje pergamen nuk ka shkruar
Art te tille kaq te kulluar.

Rehatuar ne ate tip shezloni,
Me lekundje ritmike vagoni,
Nen tingujt e embel muzikore,
Qenia jote duket madhore.

Cfare truri yt mendon valle
Ne kete moment te rralle?
Cila eshte ajo ide
Fytyra jote ka gajle?

Nen hijen pink te ngjyrosur
Atmosfera s'ka te sosur,
Parajsa ka zbritur
Te ledhatoje shpirtin e sapolindur.

Perse jane hapur ato krahe
Aq shume ne te dy ane?
Kush e gjen do te meritoje
Llotarine te fitoje.

Nuk ka sy qe te shikojne
Dhe te mos vezullojne,
Me ndricimin qe s'e dine
Nga vjen? Ja u jep tine.

Por s'ka gje ne se s'e gjen.
Nuk kendon tek ty ai gjel.
Tjeterkund daullet bien,
Tek ata qe mezi priten.

Hajde mami, hajde babi!
Hajde nena, hajde Lali!
Hajde ketu shpejt grandpa
Ngrimeni! T'ju perqafoj kam mall!
02/08/13!

Do not worry about any other one

Why do you squint at me?
Tell me, what does it mean?
You know I feel for you fuss,
And I love your eyes.

Or, you have pique with someone,
That behaved with you wild,
And you require from me
To punish as I want, him?

I agree, this is something else
Your eyes to be impulse,
Because this job belongs to me,

And I am going to fix it.
What else do you have, please,

That bothers you in extreme?
If you have something else for me,
Tell me that, because I need it.

What should be besides
To make you wild?
Perhaps, no one except me
Gives you a lot of kisses?

Zilch worry about the others
To disturb your little soul farther,
For how long you have me,
Pacify your mind, I love thee.

Mos u bej merak per tjeter

Perse me shikon venger?
Cfare kam bere shtrember?
Ti e di cfare pret nga mua,
Syckat e tua une i dua.

Apo ke inat me dike tjeter,
Qe sillet me ty eger,
Dhe kerkon nga mua
Ta ndeshkoj si dua.

Keshtu po, eshte dicka tjeter
Syckat e tua te jene venger,
Se kjo pune me takon mua,
Ta rregulloj ashtu si dua.

Me thuaj te lutem, cfare ke tjeter,
Qe te shqeteson ty teper?
Ne ke tjeter gje per mua,
Ma thuaj shpejt se e dua.

Cfare duhet te jete tjeter
Te te beje ty te eger?
Ndoshta askush pervec mua
Te puth ty ashtu si une dua?

Hic, mos u bej merak per tjeter
Te shqetesosh shpirtin e vogel teper,
Per sa kohe me ke mua,
Flije mendjen, une te dua.

Janar 2013

The increased yearn

Yearn! How much yearn!
Yearn that has no end
Our hearts feel
For our perfect maid.

We received the news
of her birth
And from that moment,
We devote ourselves to her.

Our hearts beat strongly
For our beautiful petite,
Ah, we do not have
Here that poppet.

We see her on Skype
To unload the big yearn,
But it always
Gets extra big.

We see how she grows
Becomes as a fay,
Ah, the barren distance!
Ah, so faraway!

We see her beautiful eyes,
Her chubby cheeks,
The hands so beautiful,
The legs that whirl.

We hear when she burbles
And when she chatters,
Ah, we are so far!
Our mind fizzled.

From the small screen
The girl is near to us,
But we cannot touch
The vast distance.

We cannot touch her
And cannot feed,
To sing the songs
And put here to sleep.

But the day will come
And the great yearn,
We will empty all
With no adjourn.

We will embrace her to our chest
Kissing innumerate,
Our burned hearts,
She to recuperate.

From Grandpa Alexander
Grandma Vasilika,
To Uncle Andrea
And Aunt Aida.

The big moment will come,
We wish it soon,
We're going to burn
All our resource.

Mall i Shtuar

E shikojme ne Skype
Te zbrazim mallin e madh,
Por ai gjithmone
Behet me stermadh.

E shikojme si rritet
Behet si qershi,
Ah, distance e shkrete!
Ah, moj largesi!

Mall! Sa shume mall!
Mall qe s'ka te sosur
Ndjejne zemrat tona
Per vajzen e persosur.

Shikojme syte e bukur,
Faqet bullafiq,
Dockat aq te bukura,
Kembet qe leviz.

Morrem vesh haberin
Per lindjen e saj
Dhe nga ai moment
I perkushtohemi asaj.

Degjojme kur guet
Edhe belbezon,
Ah, sa jemi larg!
Mendja turfullon.

Rrahin zemrat fort
Per tonen bukuroshe,
Ah, qe nuk e kemi
Ketu ate vogeloshe!

Nga ekran i vogel
Vajzen e kemi prane,
Por s'e prekim dot,
Distance e paane.

Nuk e prekim dot
Nuk e perkedhelim,
Ti kendonim kenge
Dhe ne gjume ta venim.

Por do vija dita
Dhe te madhin mall,
Ta zbrazim te gjithe
Pa fund e pa an.

Ta shtrengojme ne gji
Ta puthim kudo,
Zemrat e djegura
Te na i sheroj.

Nga gjyshi Aleksander
Nena Vasilike,
Tek daje Andrea
Dhe teze Aide.

Moment i madh do vije,
Se shpejti e urojme,
Do ta djegim fare
Gjithe pasurine tone.

Janar 2013

How can I believe it

Then, how is it
possible,
To hold a whole bottle,
You are able?

What do you show me
Without being four months,
What will I believe
When you will be in my point of life?

But, what are you doing
My petit?!
You hold with those crumbs
The bottle with milk?

You do self-care
For your nutrition,
You do not need
A babysitter.

Is it true
What I am seeing?
How can you hold it
I am not believing.

And you are so calm,
The eye has no fear,
The pacifier in the mouth,
The milk distils and distils.

Those little hands
Look corn-grain,
And the Ping-Pong ball
cannot vanish by them.

You make me crazy,
I see you with delight,
In my chest you are fire,
I have no mind.

Si mund ta besoj

Po cfare ben ashtu
E vogela ime?!
Shishen me qumesht
E mban me ato therrime?!

Eshte e vertete
Cfare po shikoj?
Si mund ta mbash ti
Une se besoj.

Ato docka te vogla
Topolake duken,
Por topi i pingpongut
Ne to s'mund te zhduket.

Atehere si,
Eshte e mundur ti,
Nje shishe te tere
Ta besh zap ne gji?

Cfare me tregon
Pa bere kater muaj,
Cfare do besoj
Kur te jesh sa mua?

Per ushqimin tend
Vete kujdesesh,
S'paske nevoje
Per dado bebesh.

Dhe sa e qete rri
Syri terr s'ta ban,
Biberoni ne goje
Pikon qumesht ngadal.

Me verbove syte
Te shikoj me endje,
Te kam zjarr ne gji
Tani s'kam me mendje.

02/22/13

The Crystal Tear

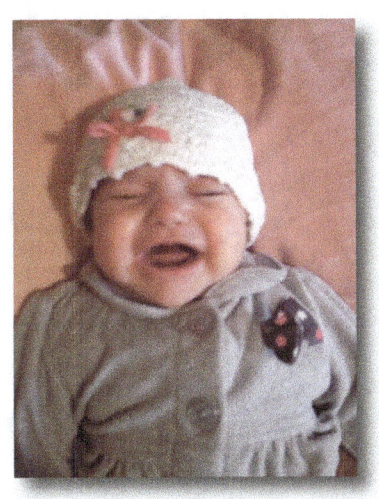

I hear when you cry,
Change the voice to different high,
With the hum tones, it starts
And stronger it drums.

I hear your crying,
It comes to my ears as weaving,
I understand, something you need,
And I try your desire to complit.

I understand when you cry,
When you need to drink, determined,
I understand when you
must be discharged
And cannot endure without cleanup.

I understand when you're bored
Like that, lying in one place sore,
The hands and legs move in air,
The voice in throat as a snare.

It's a bit drawled cry,
When you're tired and want to lie,
To the bed you want to go,
And your dreams want to show.

It happens, you wake up suddenly,
From any dream that is ugly,
Start crying with blubber
To express that trouble.

When I see tears in your eyes,
A little creek I espy,
The eye collects the tear,
But it never streams.

Your tear doesn't cause me pain,
I know, it is in vain,
It is pure as amber
There is no saltwater.

It isn't a tear from sadness,
It's not a tear from distress,
It isn't heavy as a bludgeon,
    That the soul exhausts.

It comes out only for treatment,
It gives the eyelashes ornament,
It gives the aliment to them,
Because they have the tear as wellhead.

Like the dew stands on the grass,
Your tear shines on the eyelash,
And it shines from the sunbeam
    As a pearl in the sea.

Its appearance is brilliant,
Its taste is excellent,
It is a special fluid, clear,
    It is a crystal tear.

Loti i kristalte

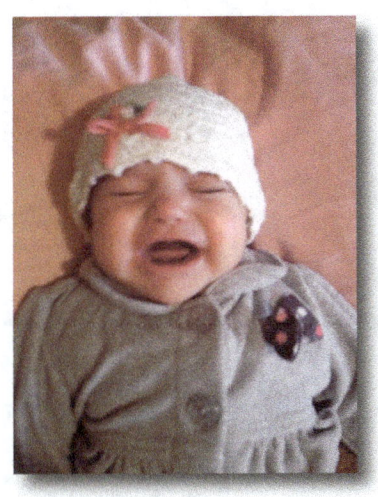

Te degjoj kur ti qan
Zene e ndron aman-aman,
Me tone te bute ze guet
Dhe me fort nganjehere bucet.

E degjoj te qaren tende
Ne veshet e mij vjen me aq endje,
E kuptoj se cfare kerkon
Deshiren mundohem te ta plotesoj.

E kuptoj kur ti qan,
Kur te pihet s'ke derman,
E kuptoj dhe kur duhesh ndrruar
Dhe s'duron dot pa pastruar.

E kuptoj kur je merzitur,
Ashtu shtrire ne nje vend ngjitur,
Duar e kembe leviz sikur ec,
Zeri ne gryke sikur te ngec.

Eshte e qare pak e ngrate,
Kur e lodhur kerkon shtrate,
Ne krevat kerkon te shkosh
Endrrat e tua te shikosh.

Ndodh qe zgjohesh krejt papritur
Nga ndonje enderr e merzitur,
Fillon qan me ngasherim
Te shprehesh ate shqetesim.

Kur shikoj lot ne syte e tua
Me duket sikur jam ne krua,
Syri lotin grumbullon
Por kurre ai nuk kullon.

Nuk me shqeteson loti jot,
E di qe eshte i kot,
Eshte i paster qelibar
Nuk ka kripera mineral.

Ai nuk del nga shqetesimet,
Nuk eshte lot nga deshperimet,
Nuk eshte i rende si topuz,
Qe shpirtin te ta kepus.

Del aty vec per ndricim,
Qerpikeve u jep ushqim,
U jep atyre zbukurim
Se lotin ata kane burim.

Ashtu si vesa mbi bar qendron,
Loti jot mbi qerpik ndricon,
Dhe ndricon nga rreze e diellit
Si perla ne mes te detit.

Pamja e tij eshte e brilante,
Ai ka shije te vecante,
Shije e tij e embel mjalte,
Eshte lot i kristalte.

03/26/2013

The crazies

When I was born, everything deflected,
The mind changed, chortled,
From the mother to grandfather,
All of them rushed after the younker.

The mother speaks all the day,
She teaches me how with needle to stay,
To become an educated girl,
Like my mother to be burl.

Ah mom, you make me laugh,
Still aren't you formed enough?
It couldn't be accepted,
The needle will be automated.

The father from the other side,
Has a trumpet declined,
All the day he speaks
To make me a queen.

Go daddy, go away,
Go and nothing else say,
Go to any café,
With that mind you have.

Here is my uncle who doesn't care,
He has pleasure all the day,
Speaks to me with chosen words
To make me smarm.

Come on Lali, alas,
Where have you learned this class?
How do you know me,
Do I fall in that cavity?

And my nana as ever,
Play the flute as forever,
She wants to make me a doctor
That she prays, as my proctor.

Ah, my nana, I cannot plight,
Your desire could be right,
But, let me be free to decide,
When comes the right time.

Even the grandpa, doesn't go away
And sings to me as a fay,
Wants up and up to look at me,
Right there, where no one else sits.

It's not wrong from one side,
But do not make too much herald,
I know how I will go in my life,
If you want, be my pillar.

Now, they seem to be upset,
Because they were much adjacent
To their minds stayed,
As the horses remained jade.

Do not be disgruntled with me,
You people, who mean much to me!
Eventhough I don't look like everyone,
I have blood from each one.

Te "marrosurít"

Kur linda une cdo gje ndryshoi,
Mendja ndrroi, turfulloi.
Qe nga mami deri tek gjyshi,
Te gjithe u sulen pas kelyshit.

Mami s'di c'te flas diten e tere
Me meson te ze gjilpere.
Te behem vajze e edukuar
Ashtu si mami e gatuar.

Uh, moj mami c'na gajase,
Po pse ka vend kjo qasje?
Akoma nuk je formuar?
Gjilpera do jete robotizuar.

Babi nga ana tjeter
Tyrymbeten ka te vjeter.
Ai tere diten flet
Mua te me beje mbret.

Ik or babi, ik andej,
Ik se nuk kam shume nge,
Shko pi ndonje kafe
Me ate mendje qe me ke.

Ja dhe lali qe se vret
Tere diten ka gajret.
Me flet me fjale zgjedhore
Te me beje lajkatore.

Hajde lali vaj medet
Qe kur ty te paska shkrep?
Cfare me di mua tine
Shkoj une neper ate vrime?

Edhe nena si ngahera
Fyellit i bie perhera.
Te me beje doktoreshe
Plasi, lutet si priftereshe.

Ah moj nena c'e ke mire,
Fyelli tend ka vec nje vrime.

Te zgjedh, me ler te lire,
Do te vendos kur te jete "gdhire".

Edhe gjyshi meazallah se ndahet
Me kendon si shtojzovallet.
Kerkon lart e me lart te me ngreje
Atje ku s'ka te tjere.

Nuk e ke keq nga njera ane,
Por shume mos vere tellalle.
E di vete si do ec ne jete
Ti po deshe me mbeshtete.

Keta tani duken te merzitur
Ngaqe ishin fort kolisur,

Pas mendjeve te tyre dhalle
Si kuajt e mbetur gerdalle.

Mos u merzitni me mua
O njerez qe aq fort ju dua!
Se edhe ne si ngjaj sejcilit,
Kam ne gjak nga gjithesejcili.
                    Janar 2013

My company

I have the mother and the father,
I have even the good uncle,
I have the grandma and the grandpa,
All of them love me a lot.
They love me strong and I'm lucky,
But what am I looking for highly?
There is something that I miss,
Something that the spirit makes blithe.

Suddenly, the outdoor is scratching,
-Who is it that, that is not detaching?
-He is called Teddy, white and young
The dog that walks around.
All the subdivisions he inspect,
He doesn't forgive if you don't respect.
-He is pretty and I will love him,
The curly hair is for me.

-What is this sweet and lucent voice
From outside and me rejoice?
-It is the bird, red as a flame,
His twitter is like a hymn.
-He is beautiful, small like me,
Admittedly, I will love him.

-Here is an upward braid
That jumps from branch to branch.
-He is the squirrel, the lithe,
Plays all day and sleeps at night.
He's a very good athlete,
But even, too much timid.
-He will be chaste with me,
Because I will coax him.

-Ah, watch how it is coming coy,
It seems like he is asking a favor.

-Yes, yes, it is the rabbit,
The well-rounded, long-ear.
-He is full of grace,
I will respect him and embrace.

-Look! How she is moving
like doing a trick,
Who is this being as a sneak?
-Eh, it is the spoiled cat,
She will ask from you a lot.
-It would be good for me,
I won't feel without company.

-Mmmm! Bigger from all of those,
Who is that one that gallops?
-It is the playful elk,
As pretty as finical.
She doesn't come often to this edge,

But she heard that there is a fay.
-She makes me feel the same,
I will respect her as a dame.

-Look at all this long line,
They are unlimited in align!
Wow! They are, for me, them all of them,
I will love them all the same.
Now, that I found my company,
I feel full of felicity.

Shoqeria Ime

Kam mamin edhe babin,
Kam edhe te mire xhaxhin.
Kam nenen dhe grandpa-ne,
Te gjithe me duan paane.
Me duan fort dhe jam fatlume,
Por cfare po kerkoj me shume?!
Eshte dicka qe me mungon,
Dicka qe shpirtin lumturon.

-Befas, jashte dera po gervishtet.
Kush eshte ai qe nuk shqitet?
Quhet Tedi, i bardhe, i ri,
Qen nga me i bredhuri.
Gjithe lagjen inspekton,
Nuk te fal, nese, nuk e respekton.
Qenka i bukur dhe do ta dua,
Kacureli eshte per mua.

-Po ky ze i embel i kulluar,
Qe vjen nga jashte i belbezuar?
Eshte zogu i kuq flake,
Cicerime e tij eshte si mjalte.
Qenka i bukur, i vogel si mua,
Me patjeter do ta dua.

-Ja dhe nje bishtperpjete
Qe kercen dege me dege.
Ai eshte ketrushi i shkathet,
Lot tere diten dhe fle naten.
Qenka i mire kercimtar,
Por dhe shume namuzqar.
Do jete me mua i dlire,
Se do ta marr me te mire.

-Ah, shiko si vjen me ndrojtje,
Duket sikur kerkon pak mbrojtje.

Po, po, eshte lepurushi,
Topolaku, veshllapushi.
Qenka miresia vete,
Do ta perqafoj perjete.

-Shiko si ecen bute neper bar,
C'eshte kjo qenie tinzar?
Eh, eshte macja e llastuar,
Shume ka per te te kerkuar.
Do te jete mire per mua,
Nuk do ndjehem e vetmuar.

-Me e madhe nga gjithe keto,
Ceshte ajo qe po gelon?
Eshte sorkadhja lozonjare,
Sa e bukur aq sqimatare.
S'para vjen ne keto ane,
Por mori vesh qe eshte nje zane.

Me beri te ndjehem njesoj,
Shume do ta respektoj.

-Shikoni gjith kete linje te shtuar,
Keta s'paskan te mbaruar!
Uau! Qenkan te gjithe per mua,
Qe te gjithe do ti dua.
Tani qe gjeta shoqerine,
Ndjej edhe gjithe lumturine.

Janar 2013

The universal arms

There is a pair of arms that I use,

I change and fix them as I feel good,

I lie on them and I feel coziness,

As much as I couldn't feel on any
other mattress.

I stay there and change when
I get bothered,

With the forehead up and the eyes
somewhere frozen.

If I get numbed in that position,

I don't need too much, one sign
for the variation.

There's nothing important, on the
right or left side,

It's important, I stay like that
as it is enough.

And, when the moment is to change again,

Tack, the small sign as an electrical hand.

Everything changes in the wanted way,

From the lie position, tack,
straight on hands.

Sit down, lean as an armchair,

Even if I want, and the
legs I can stretch.

If I might want to wiggle,

There's no problem, I start to jiggle.

It's not important the season for this,

As it is when the chaise
longue is in need.

But, if you want to know
from me a secret,

There is a position for me very decent.

Ah, it is for me the most favorable,

From all the above that have
been changeable.

I lie face down, hanging feet and hands,

As a leopard up on the tree branch.

Either in the cases when I cry or pule,

That position makes me cool.

How long I stay? This is not the main thing,

But you can say: the arms get fatigue!

Do not worry about those arms,

Those never get tired, and are universal.

Do you know to whom they belong?

They are of my grandpa, the only sort.

Krahet Universale

Jane nje pale krahe qe une i perdor,

I ndryshoj, i rregulloj si i deshiroj,

Shtrihem ne to dhe ndjehem rehat,

Sa nuk do te ndjehesha ne asnje krevat.

Rri sa dua dhe ndrroj kur merzitem,

Me ballin perpjete dhe syte
qe diku nguliten.

Dhe ne se mpihem ne ate pozicion,

Nuk me duhet shume, nje
shenje dhe ndrroj.

S'ka rendesi, ne ane te majte
apo te djathte,

Rendesi ka, rri ashtu sa eshte mjafte.

Dhe kur momenti vjen
qe duhet ndrruar,

Tak, shenjen e vogel si
buton i elektrizuar.

Cdo gje ndryshon ne menyre si dua,

Nga pozicioni shtrire, tak, drejt ne duar.

Rri ulur, mbeshtetur si ne kolltuk

Dhe po te dua, edhe kembet i struk.

Dhe ne se dua te lekundem,

S'ka fare problem, filloj dhe tundem.

Per kete, nuk ka rendesi sezoni,

Sic ka kur perdoret shezloni.

Por ne se doni te dini nga une nje sekret,

Eshte nje pozicion qe e dua vertet.

Ah, ate e kam me te preferuarin,

Nga gjithe ata me lart te treguarit.

Shtrihem permbys, varur kembe e duar,

Si leopard mbi degen e pemes lartuar.

Edhe kur qaj edhe kur grindem,

Ai pozicion me ben mua te bindem.

Sa gjate qendroj, kjo nuk ka rendesi,

Do thoni ju: po krahet marrin risi!

Mos u merakosni per ato krahe,

Ato nuk lodhen kurre, jane universale.

E dini se kujt i perkasin ato?
Jane te grandpa-se, te vetmit ne lloj.

Janar 2013

The flying Ballerina

I wondered as soon as I saw you,
With the dress, with lights, full,
I didn't control my eyes anymore,
They were broken from
that figure adore.

What God became you?!
To bright instead of the moon?!
You light all the darkness,
The sky is now starless.

You became a partner with the Sun,
Everything from Him you got,
The brightness and the flame color,
Only to you look like a fire.

That bow, as a fire flame,
Carry a rose on its frame,
Couldn't be another kind of collar
To fit you with other color.

The new dot kilt
Has a form as a sea-wave lift,
It is opened down as a butterfly,
Reddish as a sparkling sky.

The sunbeams hit just right there,
And they are broken as a marvel,
Even they, don't understand,
How the rainbow they humiliate.

There are seagulls flying up
In the band with white spots,
Their flight does not stop,
They gaze at the sea from above.

You have reddish everything,
And in your hands you cling
That ladybug-purse is created
Just for you is designated.

Opened arms, the ladybug hesitates,

To you she wants to stay,

Because she doesn't make the
friends in vain,

She requires meaningful friends.

Fire up from the head to the feet

Footwear stay sweet,

Adorned with the cloves

Accompany the roses.

You prance with the seagulls,

Above the waves fly,

Up and down as a sylph,

The ballerina who twirls.

Balerina fluturake

Ajo koronke e flaket zjarr
Trendafilin mban ne krah,
S'mund te kete tjeter ngjyre
Te shkoje me ty me mire.

Fustanella e re me pika
Kuqeron si qiell me xixa,
Poshte hapet fluturashke
Dallgezon me detin bashke.

Sa te pashe u mahnita,
Veshur me fustanin me drita,
Nuk i kontrollonja dot syte,
M'i prishi ajo figure e ndrite.

Bien rrezet mu aty,
Thyhen ato per cudi,
Edhe vete s'e kuptojne
Si ylberin percudnojne.

Cfare Zoti te ka bere?!
Te ndricosh boten e tere?!
Shkelqen dhe erresiren,
Henes i dhe lamtumiren.

Fluturojne pulebardha
Ne brezin me pika te bardha,
Fluturimi i tyre s'ndalon,
Nga lart detin ato veshtrojn.

Me diellin po behesh partner,
Cdo gje nga ai e merr,
Ndricimi dhe ngjyra e zjarrte
Vec tek ju duken te arte.

Cdo gje e ke kuqeruar,
S'ke se si mos mbash ne duar,
Ate cante te krijuar,
Enkas per ty te stilizuar.

Krahe hapur pashka ka ndroje,
Tek ty kerkon te qendroje,
Se s'ben shoqe ajo kot,
Kerkon shoqe kuptimplot.

Zjarr nga koka gjer tek kembet
Kepucet qendrojne embel,
Stolisur me karafilat
Shoqerojne trendafilat.

Me pulebardhat ti lodron,
Permbi dallge fluturon,
Poshte e lart si shtojzovalle,
Balerine qe hedh valle.

03/26/2013

The Peacock Diamond

Now that I see this picture,
I see a diamond that stays yon,
I see how all the colors are broken,
I see, even, the hearts are torn.

This position you have gotten,
Even the peacock has envy,
I haven't seen any peacock
To be so gilded.

As soon as I saw the picture,
My eyes immediately lighted.
The luminous light was you
That my eyes were blinded.

You have posed so beautifully,
As you have upset the peacock already,
Because he doesn't have those features,
By the nature, you have only.

I have seen your photos,
All of those make me distract,
Everywhere you are marvel
As much as my mind is torrefy.

Wisdom says: "see and write"
I see, but I scratch my head,
What I see there, I want to describe,
But the vocabulary is in end.

You have the Sun in your eyes,
The Moon too, is there,
The planets rotate just yon,
And the stars there sparkle fair.

What I feel, I cannot express with words,
There are emotions that go beyond,
The mind is blocked a bit,
Except the heart can say somewhat.

I see the circular-open dress,
In the air it rises fabulous,
The little hearts fly in there,
As a red butterfly they gambol.

Your head in the middle stays,
With your brilliant eyes that radiate,
With perfect nose, lips, and cheeks,
The circle cannot find better instance.

Your face is amazing,
It sucks with that expression kind,
That expression is so indulgent,
Purer one the sincerity couldn't find.

Your neck is amber,
There is no need for a pearl,
Neither it itself would agree
To uglify that part of this girl.

How not to feel confused
The peacock, when he sees these hands?
They don't have a comparison
With his own like the strand.

I cannot stay in one place,
Thence-hence move onward,
I cannot endure without kidnap
The Diamond-Peacock, so beloved.

I will ask you for one thing:
Such poses, do not take,
You derange a whole world,
There's no other one to overtake.

Diamanti pallua

Tani qe shoh kete fotografi,
Shoh nje diamant qe aty rri,
Shoh gjithe ngjyrat se si thyhen,
Shoh dhe zemrat se si shqyhen.

Ne kete forme se si rri
Edhe palloi te ka zili,
Une s'kam pare kurre pallua,
Qe te jete kaq i praruar.

Sapo pashe fotografine,
Syte menjehere me vetetine,
Shkelqim drite ishe ti,
Qe verbove syte e mi.

Ti aq bukur ke pozuar,
Sa palloin e ke hutuar,
Se ai nuk ka ato veti
Prej natyre, i ke vec ti.

Fotografite e tua i kam pare,
Qe te gjitha me bejne te marre,
Ti kudo me ke mrekulluar,
Aq sa mendjen ma ke kulluar.

Thote nje fjale: "shih e shkruaj"
Une te shoh, por koken kruaj,
Cfare shoh aty dua te pershkruaj,
Por te fjalorit fjale jane mbaruar.

Ti ke diellin ne syte e tu,
Hena ndodhet po aty,
Planetet aty rrotullohen,
Aty dhe yjet vezullohen.

Cfare ndjej nuk thuhet me fjale,
Jane emocione qe shkojne permatane,
Mendja eshte bllokuar paksa,
Vecse zemra mund te thote dicka.

Shoh fustanin e hapur rrethor,
Ne ajer ngrihet perrallor,
Zemra te vogla aty fluturojne,
Si flutura te kuqe ato lodrojne.

Koka e jote ne mes qendron,
Me syte e tu brilante rrezaton,
Me hunde, buze e faqe perfekte,
Shembull me te mire rrethi s'do gjente.

Fytyra jote eshte mahnitese,
Te thethin me ate shprehje tronditese,
Ajo shprehje eshte aq indulgjente,
Me te paster sinqeriteti nuk do gjente.

Qafa jote eshte qelibar,
S'ka nevoje per margaritar,
As ai vete nuk do te pranonte
Ate qafe te shemtonte.

Si mos ndjehet i hutuar
Palloi, kur shikon ato duar?
Ato s'kane krahasim
Me te tijat pa ndricim!

Une ne vend nuk bej dot biz,
Verc andej e kendej leviz,
Nuk me rrihet pa e rrembyer
Diamantin-pallua aq te vyer.

Do te lutem per nje gje:
Poza te tilla mos bej me,
Ti shkallon boten e tere
S'ka nje tjeter te te zere.

04/08/2013

The hands

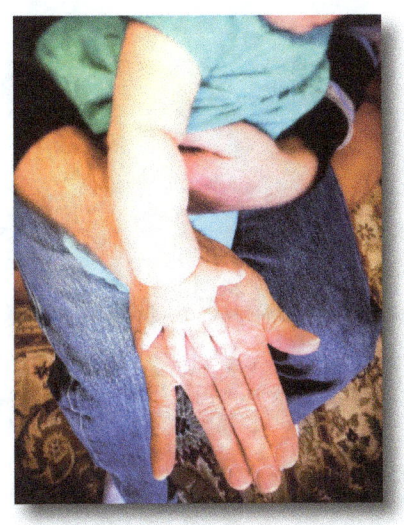

It has nothing less
This small hand,
From the mine
In my passed time back.

The form is round,
The palm is meaty,
Distinguished from the others,
The little pinkie.

What like this I see!?
I cannot believe!
Let me wipe my eyes,
The view to be clear.

A little bit opened
Lies by the others,
The regular span
As to her grandfather.

Oh! Goodness!
God in Haven!
Why didn't You tell me before,
You would do me a favor?

There's no need
Even for the DNA,
The molding copy
Comes from the grand-PA.

How had You modeled,
Also had you seized,
This mirror
From my hands?

What a satisfaction
O my granddaughter planted,
You could not assume
What kind of happiness is created?

Let me ask again
To become a maniac,
-God, is it true
You got a bit from my zodiac?

-Do not be blind,
Pretend like you don't know
Her high forehead
Do not see to thou?

Wow! You surprised me
And made me foolish,
Can I pay back
This right privilege?

Let us pray together
Both with God,
In your life
You to go up!

DUART

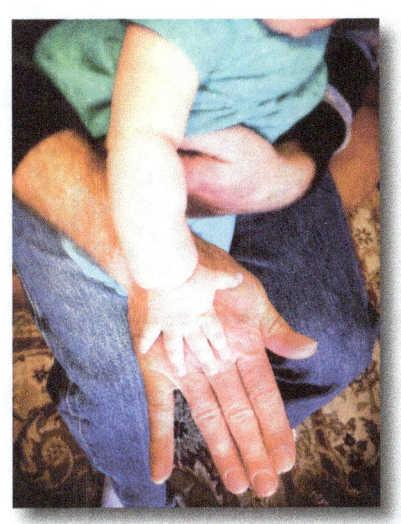

Asgje s'paska mangut
Kjo e vogla dore,
Nga ajo e imja
Ne te vjetren kohe.

Rrumbullake forma
Topolak dhe mishi,
Dallohet nga te tjeret
Me i vogli gishti.

Cfare po shoh keshtu?!
Nuk me besohet!
Prit te fshij syte,
Pamja te pastrohet.

I hapur ndopak
Qendron prej te tjereve,
Hapesire e rregullt
E marre prej meje.

Oh, Zot i Madh!
Zot qe je ne qiell!
Pse s'me the me pare,
Qe do me beje nder?

Nuk ka me nevoje
Dhe per ADN-ne
Kopja e derdhur
Vjen nga gjyshi tende.

Si e paske marre
Edhe modeluar,
Kete shembelltyre
Nga te miat duar?

Cfare kenaqesie
Moj mbese me solle,
Nuk e merr me mend
Cfare gezimi mbolle.

Le te pyes prape,
Te behem manjak,
-Zot, a eshte e vertete
Nga une ke marre pak?

-Mos u bej i verber
U shti sikur s'di,
Ballin e saj te larte
S'e shikon tek ti?

Uau! Me befasove
Dhe me le pa mend,
A mund ta shperblej une
Kete nder me vend?

Le te lutemi bashke
Me Zotin te dy,
Ne jeten tende
U lartesofsh Ti!

02/08/13

The sleep

When the eyelids cover the eyes,
Fled, disappears that light,
The other world just starts,
Who knows where you fly.

Just lying on the back,
Nothing is moving, not even a hair.
Where are those hands and feet,
That cause that kind of zephyr?

You're vitalized, virtuous,
When you're awake, you're famous,
Hands and legs you move,
Socks from the feet removed.

The hands very spread open
Occupy all that space all over,
And when you turn to one side,
Only to see you o seraph!

Your mouth, with noise filling,
Like to be a mill in milling
All the sounds are in use,
But even the spittle issues.

The head is pushed rearward,
The chest is pulled out forward,
Hands adjusted so well,
Balance in the lying stay.

Once the sleep is close up,
The brain starts to be blocked,
The mouth gape spread,
Where is that sweet bed?

The belly comes out as a bump,
The little bottom stays behind as a lump,
The legs cast one on one,
Booboo, what a beautiful line!

Do you know what you remind me
When I see you lying free?
It's a drill, just thrown away
Head and legs weaved.

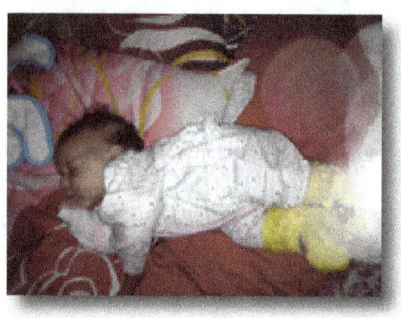

Gjumi

Je e gjalle virtuoze,
Kur je zgjuar je famoze,
Kembe e duar i leviz,
Corape ne kembe nuk te ngjiz.

Shume zhurme ben ajo goje,
Si te ishte mulli ne bloje.
Gjithe tingujt i perdor,
Por dhe jarge shume leshon.

Sapo gjumi ze afrohet,
Edhe truri ze bllokohet,
Hapet goja si corap,
Ku eshte ai i embel krevat?

Kur qepallat mbulojne syte,
Iken, zhduket ajo drite.
Bota tjeter sapo fillon,
Kushedi ku fluturon!

Ashtu shtrire ne kurriz,
Asnje gje nuk te leviz.
Ku jane ato duar e kembe,
Qe leviznin ajrin e tere?

Duart hapur sa s'ka me,
Gjithe hapesiren ti e ze.
Dhe kur kthehesh ne nje ane,
Vec te te shohesh ty moj zane.
Koka e shtyre eshte nga mbrapa,
Nxjerre gjoksin nga perpara,
Duart rregulluar aq mire,
Ekuiliber ne pozicion te shtrire.

Barku nga para dale si sumbell,
Bythkat nga prapa rrine si gunge,
Kembet e hedhura nje mbi nje,
Obobo, cfare e bukur gje!

A e di cfare me kujton
Kur ashtu une te shikoj?
Eshte nje punto ashtu e hedhur
Koke e kembe e perdredhur.

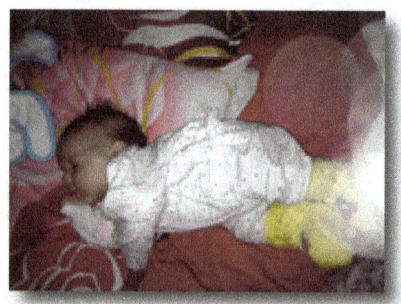

05//07/2013

The Easter Rabbit

Oh, what a rare bunny
With many circles on the legs and body!
The cowardly rabbits
Cannot approach you a bit.

The head, beautiful, round bone,
The eyes opened as gemstones,
Straight to my eyes you see,
Brew my mind as a mill.

Like that, you're lying on the bootee,
In that position so beauty,
Like the rabbit into the grass
Looks with the head up.

The head twists left and right,
Somewhere you throw a sight.
You must have found a carrot,
That you're dancing the foxtrot.

You have undressed the white skin
And underneath you have put it,
Because you want to concoct,
With the bunnies to mock.

I think, I am right
With that belly as a bump,
Even the ears are bent now
And you want to sit a bit down.

The ears set upwards,
Longer than your body size,
Back up, the tail as a hump
Froufrou as a plume.

But here, you jump up again,
A signal has gone in your brain,
What has hit your slumber
And you're looking with wonder?

But again, you calmed down,
You saw something and figured it out,
Your Mom, with camera in hands,
With your photos has made a range.

This time, as a cottontail,
For Easter you're dressed as an angel,
Now, every rabbit stays shy,
Because he cannot be your rival.

Lepurushi i Pashkes

Oh, cfare lepurush i ralle
Me ato kembe e trup plot rrathe!
Lepurushat frikacake
S'te afrohen dot aspake.

Koka e bukur si inxhi,
Syte e hapur si dylbi,
Me veshtron drejt e ne sy,
Mendjen ma bluan si mulli.

Ashtu shtrire qendron ti,
Ne pozicion per bukuri,
Ashtu si lepujt qendrojne
Ne mes te barit dhe veshtrojne.

Koken vertit edhe shikon,
Majtas-djathtas vigjelon,
Do kesh gjetur ndonje karrote,
Qe vertitesh ashtu si rrote.

Lekuren e bardhe e ke c'veshur
Dhe poshte, nen vete, e ke ngjeshur,
Se kerkon bar te sajosh,
Lepurushin te imitosh.

Dhe mendoj qe e kam drejt
Me ate barkun e fryre medet,
Edhe veshet tani jane perkulur
Dhe kerkon te rrish pak ulur.

Veshet ngritur lart perpjete
Me te gjate se ty vete,
Mbrapa bishti lart si xhunge
Ferferin si nje shtellunge.

Por ja ku brof perseri,
Dicka ke degjuar ne befasi,
Cfare gjumin ta ka goditur
Dhe veshtron aq e cuditur?

Por ti prape u qetesove,
E more vesh dhe e kuptove,
Mami jot me aparat ne dore
Fotot tende i ka bere kurore.

Kete radhe si lepurush,
Per Pashke je veshur engjellush.
Tani cdo lepur rri me ndroje,
Se ty s'mund te te konkuroje.

04/03/2013

Permanent Love

Your eyesight
Pierces my heart,
Sweeter glance
My heart never has caught.

Your soft eyes
Calm me down,
Your peppy movements
Bring me around.

What magic is this
My little baby?
Night and day I see you
Longing crazy.

Even, when you're not close,
Your vision isn't erased,
As an angel of love
In my mind it is saved.

I hold you in my arms
And I squeeze you,
I hold you in my chest
And I couldn't issue.

The world where I live,
I see that exists,
Now, you are the first,
Then it consists.

Every sound that you make
I understand,
Every sign that you give,
I implement.

You grow continually
And I contemplate you,
I love you more,
There is no doubt.

In every phase of life
That you will pass,
I will pursue you
And won't be far.

Because this love
Won't have a limit,
It only will rise
Up to infinite.

Dashuri e perhershme

Shikimi i jot
Shpon zemren time,
Me te embel veshtrim
S'ka ndjere zemra ime.

Syte e ty te bute
Me qetesojne,
Levizjet e tua plot vrull
Me gjallerojne.

Cfare magjie eshte kjo
E vogla ime?
Nate e dite ty te shikoj
Me permallime.

Edhe kur s'je prane,
Vegimi yt nuk shuhet,
Si engjell dashurie
Ne mendjen time rruhet.

Te mbaj ne krahet e mij
Dhe te shtrengoj fort,
Te mbaj ne gjirin tim
Dhe s'te leshoj dot.

Boten ku jetoj
E shoh qe ekziston,
Tani je ti e para
Pastaj ajo qendron.

Cdo tingull qe ti leshon
Une e kuptoj,
Cdo shenje qe ti me jep,
Une e zbatoj.

Ti vazhdimisht rritesh
Dhe une te kundroj,
S'ka me dyshim
Me shume te dashuroj.

Ne cdo faze te jetes
Qe do te kalosh,
Nuk do te te ndahem
Prane do me shikosh.

Se kjo dashuri
Nuk do kete limit,
Ajo vec do rritet
Deri ne infinit.

07/15/2013

The Special Flower

You were a plant, as the
    flowers are planted,
In this life to come,
You were watered carefully,
Over this land to show up.

And here, where the bud was opened,
On a beautiful November's day,
Then, when the flowers do not bloom,
Only the one, the Earth Imperator, prays.

Small and beautiful,
As the flowers are,
Fragile and delicate,
As they are the buds.

Covered with a thin skin,
White as ivory,
You drag the attention
Entirely.

You opened the petals
The eyelashes, mouth, and ears,
In the middle of them the pistil,
The beautiful nose uphill.

The combination of the colors
Comes to you as a debut,
The rainbow itself
Takes the image from you.

From the open red,
To the sky blue,
From the beautiful brown
To the fairy white true.

The flowers surround you,
Your beauty, they want,
They want your aroma,
To take it as a loan.

Because you are the only flower
That radiates,
As further you grow
As more beauty presents.

From all the flowers
I have seen in my life,
No one attracts me,
But only you as much.

All of them are beautiful,
Flowers, bushes, and trees,
But you are something special,
The flower that never withers the leaves.

Lulja e vecante

Me cipe te holle mbuluar
Te bardhe si fildisht,
Terhoqe ti vemendjen
Katerciperisht.

Dhe hape ti petalet
Qepalle, buze e veshe,
Ne mes tyre pistili
Hunde e bukur perpjete.

U mbolle sic mbillen lulet,
Ne kete jete te vije.
Me kujdes u vadite,
Mbi kete dhe te dilje.

Kombinimi i ngjyrave
Tek ty eshte uverture,
Dhe ylberi vete
Nga ty merr shembelltyre.

Dhe ja ku celi gonxhja
Nje dite te bukur Nentori,
Atehere kur nuk celin lulet,
Vec ke do i botes Perandori.

Nga e kuqe e hapur
Ne kaltersi qiellore,
Nga kafe e bukur
Ne te bardhen perrallore.

E vogel dhe e bukur,
Sic jane te vogla lulet,
E brishte dhe delikate,
Sic jane dhe burbuqet.

Te rrethojne lulet
Bukurine tende duan,
Aromen tende kerkojne
T'ua japesh hua.

Se ti je e vetmja lule
Qe vec rrezaton,
Sa me shume rritesh
Me shume bukuri leshon.

Nga te gjitha lulet,
Qe kam pare ne jete,
S'me hyn ne sy asnje,
Pervec teje vete.

Te gjitha jane te bukura
Lule, peme e drure,
Por ti je e vecante
Lule qe s'vyshkesh kurre.

03/23/2013

My Mom

The mom squeezes me in the chest,
And I stay very well,
The sleep takes me there
And I stretch my hands and legs.

My mom educates me,
She buys me toys and teaches me too,
She reproves me sometimes
To become with more value.

Oh, how much I love my mom
And how much she loves me,
This love is with no mass,
There's not a second to be near.

She keeps her eyes on me,
Night and day she stays watchful,
The refractory sacrifices,
Just for me to be healthful.

We both stay together,
She made me laugh so hard,
She cleans and washes me,
Adds to my beauty more.

She chooses the right food,
I get immediately full,
With time and in turn
I take every vitamin so good.

I take food from my mom
And that's why I am shiny,
I am beautiful and round,
The cheek and hands chubby.

Every day with her cellphone,
She takes pictures of me in plus,
And I pose just for her,
Once I laugh and once I fuss.

This makes her very happy,
Because she sees me as a butterfly,
Rejoices from the gladness,
Her complexion shows it to I.

This is my mom so true,
This is my mom's adoration,
This is my mom so pure,
Therefore, I feel elation.

Mamí ím

Mami me shtrengon ne gji,
Edhe une aty rri,
Aty me merr gjumi i embel
Edhe shtrij duar dhe kembe.

Mami im me edukon,
Me blen lodra, me meson,
Me qorton dhe nganjehere,
Qe te behem me me vlere.

Oh sa fort mamin e dua
Dhe sa shume ajo me do mua,
Kjo dashuri eshte e pamase,
Nuk ka te dyte qe te qase.

Ajo syte i ka tek une,
Nate e dite rri pa gjume,
Sakrifica te paepshme,
Qe te rritem e shendetshme.

Ne te dyja rrime tok,
Ajo me ben te qesh fort,
Me pastron e me vesh mire,
Te me shtoje bukurine.

Dhe ushqimin e zgjedh paq
Qe te ngopem une sakaq,
Me orar edhe me radhe
Marr cdo vitamine te bardhe.

Une nga mami marr ushqim
Dhe prandaj kam kete shkelqim,
Jam e bukur rrumbullake,
Faqka, duar topolake.

Dhe cdo dite me celular,
Me ben foto dimer-behar,
Edhe une per te pozoj,
Here qesh here nervozoj.

Kjo e ben ate te lumtur,
Se shikon tek une nje flutur,
Ngazellehet nga hareja,
E tregon e saja cehrja.

Kjo eshte mami im e mire,
Kjo eshte mami im e dlire,
Kjo eshte mami e adhuruar,
Prandaj jam e lumturuar.

07/03/2013

Our Similarity

We both are alike,

It seems to be the same kind.

We are like two water drops

You from the runnel and I from the lough.

You from the runnel, because
you're not big,

But like the runnel you're not thin.

I from the lough, because I'm man-sized,

But like the lough I'm not very large.

Let us now compare

And see what is similar,

From the head to the feet,

Without forgetting the teeth.

I say that, because they are intruded

They aren't obvious, but they're included,

Because even the horse is
checked by the tooth

How strong is his foot.

So, you do not have teeth right now,

(They will come up later in your mouth)

They will be shown after a little time,

But who you'll bite, he'll be in blood.

Mine does not look bad,

At least, they are still in their bed.

I don't tell you that some are implanted,

Because they have been disintegrated.

Let's go now and see the heads,

That, from the form, look like bushels.

Your head is a rare pearl,

There is no jewelry to compare.

Mine has forgotten already

That round form, to you is steady,

And it has got some deviations,

It's valuable only for the conversations.

As for the hair, we're the same,

The fur to you and to me stays,

Your hair as a plated gold,

Mine is getting a little bold.

Look at the forehead what a surprise!
What can you say about both of us?
It shows that we are clever
Our brains work there whenever.

We both have attributes in our eyes,
No one else approaches ours,
Because they are special to us,
We have them for all our life.

Yours are similar to mine,
Because mine have gotten dye,
But, they are more bright
And here, there is a difference.

Your eyes are blessed,
We have wished them to be the best.
They get light from the sun,
God gave them attributes from the sky.

Mine, used to be like this,
A little less, but very near,
They are not bright onward
And have the lens for zoom up.

For the nose right in the middle,
They are different a little;
Your nose is venereal
From the historical delineation.

Mine is a little blown up,
Snotty since without dawn,
Big-nose, it is called in our area,
What can I do? There's no euphoria.

Let's go a little lower,
Let's see what is closer.
That very beautiful mouth
I would like to have also.

But, what can I do, I'm unlucky!
I go around to that ducky,
There is no rose to my mouth,
That's why I want to smell yours out.

As for the chubby cheeks,
I used to have those thick,
But they are melted now
Tarnished with the beard out.

The dimples are enjoyable to you,
I see myself in trouble too,
I want to kiss those small holes,
But your mother doesn't allow me at all.

Let me look a little bit at that chin,
How it is created that kind of pin?
It appears just a little bit,
In between the chubby cheeks.

But it seems to be like mine,
No matter the beard covers it enough,
And they give to both of us
The similarity of the stars.

We are the same about the neck,
Sure, therefore we stay in the same deck,
Both of us have it with circles,
Yours is moistened, mine curdled.

The people express jealousy
About our bodies,
Because we stay straight,
Not like some ones that are out of shape.

No one can say anything about our hands
Your mother is always amazed.
We are like twins
That have the same limbs!

Your little ass is buxom,
It comes from mine handsome,
It doesn't matter; mine is not like this,
But I have my son who possesses it.

Slow-slow we came to the legs,
We didn't forget anything else,
Let us do their compare,
I'm very sure they are similar.

I look at your legs,
They're fat and fill the hands.
I remember, like this has been mine,
But they are getting thinner by the time.

We move the legs "phroop" and "phrap",
We have such a vice.
The socks, we cannot endure,
Rather, we stay barefoot.

There is nothing else neglected,
To be mentioned and affected,
Let's see now another side,
What habits we have alongside.

For as long as you're in this life,
I do not see any vice outside.
You are a wonderful baby,
Every act of you is fairly.

And I, the same as you,
I had no habit that I knew,
Let everybody complain,
I don't have knack, I have experience.

Now, that we analyzed everything
And we did not forget anything,
We ask you prudently:
Do we have the similarity?

Ngjashmeria jone

Ne te dy jemi njesoj,
Te dy ngjasim kesisoj.
Ne jemi si dy pika uji,
Ti nga vija une nga lumi.

Ti nga vija, se je e vogel,
Por si vija nuk je e dobet.
Une nga lumi, se jam i madh,
Por si lumi nuk jam trupmadh.

Le te bejme krahasimet
Dhe te shohim dhe ngjasimet,
Qe nga koka deri tek kembet,
Te mos harrojme edhe dhembet.

Them keshtu se ata fshihen,
Nuk duken, por perfshihen,
Sepse edhe kali nga dhembet
Duket sa te forta i ka kembet.

Keshtu ,ti dhembe tani s'ke,
S'te kane rene, se je bebe.
Ata do te dalin pas pak,
Kujt t'ja ngulesh do i dal gjak.

Dhe te mijte s'duken keq,
Bereqaves, s'ka te heq,
Nuk tregoj qe jane te mbjelle,
Se turpin do kisha ndjelle.

Le te shohim tani koken,
Si shinik matet me oken,
Koka jote perle e rralle,
S'ka margaritar qe ti dale.

Tani timja ka harruar
Ate forme te lakuar
Dhe ka marre ca devijime,
E vlefshme vetem per bisedime.

Sa per floket jemi njelloj
Leshi tek ti dhe tek une qendron
Floku jot ar i praruar
Ky i imi pak i rralluar.

Shikoni ballin per cudi
C'mund te thoni per ne te dy?
Ai tregon qe kemi mend
Aty truri ka bere vend.

Syte te dy i kemi hak,
Te gjitheve ju veme kapak,
Se si tonat nuk gjen dot,
I kemi per jete e mot.

Ato te tuat kane ngjasim,
Se nga une kane marre ngjyrim,
Porse kane me shume shkelqim
Dhe ketu ka nje ndryshim.

Syte e tu jane te bekuar,
Ne te gjithe i kemi uruar.
Ata nga dielli marrin drite,
Zoti ju dha gjithe cilesite.

Dhe te miat kane qene keshtu,
Ca me pak, por gjithashtu,
Tani s'kane me ndricim,
Kane lente per zmadhim.

Sa per hunden aty ne mes,
Ne nuk futemi ne nje thes.
Hunda jote eshte veneriane
Nga pershkrimet historiane.

Kjo e imja ca e fryre,
Qurramane qe pa gdhire,
Hundemadh i thone nga ne,
S'kam c'i bej keshtu ka le.

Le te zbresim ca me poshte
Te shikojme cdo na joshe.
Ate goje te bukur fort
Do ta desha edhe une sot.

Por c'e do qe jam pa fat,
Asaj tendes i vij qark,
Trendafil s'ka me tek une,
Prandaj tenden e dua shume.

Sa per faqet topolake,
I kam pas dhe une bardhake,
Por tani me jane shkrire
Dhe me qime jane nxirre.

Vrimkat, tek te tuat, kane lezet,
Une vihem ne siklet,
Sepse dua ti puth shume,
Por mami jot ushtron dhune.

Pa te shoh pak ate mjekrushke,
Si eshte ngjitur ajo pjeperushke?
Ajo duket mezi pak,
S'te le faqja topolak.

Por ajo duket si imja
Pa s'ka gje se me bezdis qimja
Por ajo na jep te dyve
Ngjashmerine e yjeve.

Per nga qafa jemi njesoj,
Domosdo, prandaj ngjasojm,
Te dy e kemi me rrathka,
Ti te njoma une te thata.

Edhe trupin qe te dy
Neve na i kane zili,
Sepse ne qendrojme drejt,
Jo si ca qe jane ibret.

Per nga duart s'kane c'thone,
Mami cuditet gjithmone.
Ne sikur jemi binjak
Asnje nga ne s'eshte sallak.

Bythkat e tua pak te kolme,
Nga mua vijne te sojme,
S'ka gje se vete nuk i kam,
Por kam djalin qe i mban.

Dalengadale erdhem tek kembet,
Erdhem pa harruar dhembet,
Tani te bejme krahasimin,
Jam i sigurt qe kemi ngjasimin.

I shikoj ato te tuat,
Te fryra, te mbushin duart,
I mbaj mend, qe i kam pasur
Edhe une, por jane firaksur.

I levizim frap e frup,
E kemi nje te tille huq.
Corapet dot nuk i durojme,
Me mire zbathur qendrojme.

Nuk na mbetet ndonje gje tjeter
Te permendet me patjeter.
Tani te shohim tjeter ane,
Cfare huqe kemi prane.

Per sa kohe qe je ne jete,
Nuk shoh huqe tek ty vete.
Ti je bebe e shkelqyer,
Cdo veprim e ke te vyer.

Edhe une porsi ti,
Nuk kam huqe qe s'i di.
Le te ankohet kush te doje,
Huqe s'kam, por kam pervoje.

Tani ,qe gjithshka analizuam
Dhe asgje ne nuk harruam,
Ne ju pyesim me urtesi:
A nuk kemi ngjashmeri?

04/09/2013

Llambi Qirilla

I do not compare you

I don't need more for the Sun,
Its beams are diminished,
I get beams from you,
You have displaced it.

As for the moon that appears at night,
I don't want to know further,
Because it has gotten old,
You have more and more splendor.

I contemplate in each moment,
How you move and how you act,
For every day that passes,
I see how you recast.

I don't care more for the air,
That covers all the fields,
It doesn't give me the breath,
Only you inspire me.

I see that you are active,
Full of energetic acts,
And I watch how you respond
That small magic mind.

Neither for the vivify water,
I don't need more for it,
It has lost all the value,
You are who gives me the voice.

You have entered my world,
And have occupied all the courses,
Now, I cannot live without you,
Because in you, I have the sources.

I don't have a reason to want the nature,
Its color full of verdure,
Because you give me nutrition,
Keep me alive and strengthen.

I don't worry about the society
To keep my spirit active,
I want to spend time with you
The day, the night, and all the year.

I don't need even for the science,
For the doctor, I don't need
You are the medicine for me
For as long as I will live.

I don't want to hear the music anymore,
Its sounds are discorded,
I want to listen what comes out
From your lips, your sweet voice.

There is nothing I can mention,
I should need too much,
If I have you close to me,
Know, you make me charmed.

For all of these, I love you much,
I love you as much as I don't cognize,
You are for me everything I look for,
You are who gives me the life.

Except God that decides,
To exist you and I,
With nothing I compare you,
Nothing else warps my life.

S'te krahasoj

Sa per Henen qe del naten,
Une per te s'dua t'ja di,
Se ajo eshte bere plake,
Ti ke shume me shume bukuri.

Nuk dua t'ja di per ajrin,
Qe te gjitheve nga rrethon,
Nuk me jep me ai fryme,
Se vec ti me inspiron.

Cdo moment une te vezhgoj
Si leviz dhe si vepron,
Per cdo dite qe kalon
Une shikoj si ti ndryshon.

As per ujin jetedhenes,
S'kam nevoje me per te,
I ka humbur gjithe vlerat,
Ti je ajo qe me jep ze.

Te shikoj qe je aktive,
Plot levizje energjike,
Dhe vezhgoj si reagon
Ajo mendje e vogel magjike.

S'kam c'e dua as natyren,
Ngjyren e saj qe bleron,
Sepse ti me jep ushqimin,
Me mban gjalle me forcon.

S'kam nevoje me per Diellin,
Rrezet e tij jane dobesuar,
Une rreze nga ty marr,
Ti ate ke zvendesuar.

Nuk me duhet shoqeria
Te me mbaje gjalle shpirtin,
Dua me ty ta shpenzoj kohen
Diten, naten dhe gjithe vitin.

S'kam nevoje me per shkencen,
S'kam nevoje per doktor,
Ti je per mua ilaci
Per gjithe kohen sa te rroj.

S'dua te degjoj me as muzike,
Timgujt e saj jane c'akorduar,
Dua te degjoj vec zerin e embel,
Qe del nga buzet e tua.

S'ka asgje qe te permend,
Qe te kem nevoje shume,
Ne se ty une te kam prane,
Dije, qe me ben fatlume.

Per keto te dua shume,
Te dua aq sa s'e di as vete,
Ti je gjithshka qe une kerkoj,
Ti je ajo qe me jep jete.

Pervec Zotit qe vendos,
Qe te jesh ti edhe une,
Me asgje s'te krahasoj,
Asgje tjeter s'me prish pune.

08/12/2013

You only grow up

Your body stayed only down,
You didn't move even a point,
But now, you twist yourself
And try to raise hop.

Nothing dragged your attention,
You didn't know what the color was,
But now, you have your voice,
The nature attracts you more.

How glad I am when I see you,
Round as an apple,
In some places, you are red
In others, white as a dazzle.

You had cheeks even then,
As beautiful as a king's ring,
But now, they have another view,
Plump as a shell of the sea.

Like that, small, when you were born,
I hold you on my hand's palm,
But now that you're growing up,
It's not enough all the arm.

When the bedtime came,
You wanted to be but full,
The eyelids closed quickly,
Wanted nothing more to look.

I remember your arms and legs
Small and delicate,
What can I say now after months,
Tight compressed and corpulent.

But it is different now,
You know that you're asleep,
And you try to postpone it,
Mewling as a bird cheeps.

Alexandria

Moving the eyes around,
You know now where to see,
The first time has passed,
You distinguish everything.

You moved the arms and legs
Even in the belly of your Mom,
But these moves are different,
As a gymnast workout.

The sounds have changed too,
They are not one-phoneme,
Their platoon now extends
Has a form of a term.

When you eat and when you drink
The tastes quickly you discern,
Push the spoon farther from the mouth,
Or the mouth fast advance.

I see your photos
Every day that blooms,
I see your change
From that mouth that coos.

You're growing up as a sapling,
That fills his trunk day and night,
Healthy and brilliant
All my dreams you gratify.

Ti vec rritesh

Sa gezohem kur te shoh
Rrumbullake porsi molla,
Vende-vende kuqelon
Ne te tjera e bardhe si bora.

Ashtu e vogel kur u linde
Te mbaja ne pellembe te dores,
Por tani qe ti po rritesh
Nuk mjafton as krahu i ores.

I mbaj mend duart e kembet
Te vogla dhe delikate,
Cfare te them tani pas muajsh
Fort te ngjeshura mishtake.

Trupi jot rrinte vec shtrire,
Nuk levizje asnje pont,
Por tani perdridhesh vete
Dhe kerkon te ngrihesh hop.

S'te terhiqte asnje gje
Se nuk dije c'ishte ngjyra,
Por tani je bere me ze,
Te terheq me fort natyra.

Faqka kishe dhe atehere,
Aq te bukura si unaza mbreti,
Por tani kane tjeter pamje
Bullafiqe si guaska deti.

Kohe e gjumit kur te vinte,
Vec e ngrene te ishe doje,
Syckat shpejt i kllapitje,
Nuk doje me te shikoje.

Por eshte krej ndryshe tani,
Ti e di qe po te flihet
Dhe gjumin ti tutje e shtyn,
Qaravitesh sa s'te zihet.

Leviz syte anembane
Tani di ku ti veshtron,
Ka kaluar kohe e pare,
Tani cdo gje ti e dallon.

Kembe e duar ti levizje,
Bile edhe ne bark te mamit,
Por jane ndryshe keto levizje
Si ushtrimet e gjimnastit.

Tingujt shume kane ndryshuar,
Ata s'jane nje zanor,
Togu i tyre tani zgjatet
Ka marre forme ligjeror.

Edhe kur ha edhe kur pi
Shijet shpejt ti i dallon,
E shtyn lugen tutje gojes
Ose gojen shpejt afron.

Une i shoh fotot e tua
Per cdo dite qe ndricon,
Une shoh ndryshimin tend
Nga ajo goje qe belbezon.

Ti po rritesh si fidani,
Qe cdo dite trungun mbush
E shendetshme dhe brilante
Te gjithe endrrat m'i permbush.

05/30/2013

Your sight

Now, nothing escapes from you,
Everything is a version too,
You now contemplate,
Everything to your mind implant.

It's precisely that sight
That I have so delight,
When I see you gazing
There's nothing more amazing.

Day by day you change,
Day to day doesn't look the same,
You move more every day,
More noise when you play.

The expression on your face
Is such that it evokes gladness,
The way in which you look
The smile introduce.

In every act you fulfill
My heart glory sees,
It beats so joyfully,
Doesn't save the beats for you.

You try to see every motion,
Moving quietly or commotion
Every noise you want to attain
Whether it is near or far away.

But you almost stop it,
When, to you, it sees,
Your eyes are so sharp
With that hot sight.

Fast the face you lead
In that side you perceive,
Even from behind when you see,
Elongate the body as a squirrel.

The eyebrows furrow in the middle,
The concentration is visible,
As a strenuous hunter
See the object from every angle.

You see it and go with
Where it goes and leaves,
You are a true scientist,
This life just started for you sweet.

I cannot get full enough
To see your sweet sight,
To see the way you look
The environment in every nook.

Veshtrimi i yt

Tani asgje ty s'te shpeton
Tani cdo gje eshte nje version
Ti mundohesh ta soditesh
Ne mendje ta ngulitesh.

Eshte pikerisht ai shikim
Qe e kam aq adhurim
Kur te shoh duke veshtruar
S'ka gje me te adhuruar.

Dita-dites ti ndryshon
Dita-dites s'i ngjason
Ti levizje ben me shume
Reagime me shume zhurme.

Shprehja e fytyres tende
Eshte e tille qe ndjell endje
Menyra si ti shikon
Buzeqeshje me gjallon.

Ne cdo veprim qe kryen ti
Zemra ime sheh lavdi
Rreh ajo e ngazellyer
Per ty ajo s'ka te kursyer.

Kerkon te shohesh cdo levizje
Qofte ne zbritje apo ne ngjitje
Kerkon te kapesh cdo zhurme
Qofte afer apo larg shume.

Por ti ate gati e ndalon
Kur tek ty ajo shikon
Syte e ty aq te mprehte
Me ate veshtrim te nxehte.

Shpejt fytyren e drejton
Ne ate ane qe ndjeson
Dhe nga prapa kur kerkon
Porsi keter trupin zgjaton.

Vetullat mblidhen afer mesit
Koncentrimi duket sheshit
Si gjahtar i perqendruar
Sheh objektin e fokusuar.

E sheh ate dhe e shoqeron
Per nga iken dhe nga shkon
Shkencetar je i vertete
Sapo ka filluar per ty kjo jete.

Une nuk ngopem dot
Te shoh veshtrimin jot
Te te shoh si ti shikon
Ambjentin qe na rrethon.

07/01/2013

My anger

I am small and innocent,
I do nothing intentionally,
Do not judge me as an adult,
Because I am still an infant.

I act, like I demand,
When I am in the mood, I dance,
I fray when I am thirsty,
Start to grouse, when I'm sleepy.

Often, I'm quiet,
Stay seated and play my style,
I distemper my toys,
Like I feel, just for a ploy.

Stay seated and watch cinema,
I watch Oso and Sophia,
The Mickey Mouse with his friends,
I get full seeing them.

When I stupefied sat,
I want to move, to stand,
So, I approach you,
Hop, I want to roam.

I ask from you one more thing,
I want to be clean,
Beckon, because I cannot speak,
Please, check my small seat.

If I have all of these,
I never ask for anything,
I am calm and playful
As a babe mindful.

But, when you do not indicate
The care to terminate
One of my requests,
Then, I lower the window slats.

I start to loudly cry,
My voice goes to the sky,
I continue to be violent,
As the flour bag starts to vibrate.

You are very surprised,
It looks like I am unwise,
But, I do that for you to remind
The duties that you cannot abide.

You try to calm me down,
And start to show frown,
Make the flattery as a zany
As you are a monkey.

I do not care for those
Really, for the Lord!
Because I am correct,
The requests to apply are perfect.

Therefore I continue to cry,
The tear flows from my eye,
I want to make you tender,
Do not repeat the blunder.

Now, that I told you everything
And have forgotten nothing,
Do not ask yourself why?
I don't sleep at night and cry.

Zemerimi im

Rri e ulur dhe shikoj filma,
Shikoj Oson, dhe Sofian,
Miki Mous-in me shoke,
Mbushet plot e imja koke.

Por kur ulur une mpihem,
Dua te leviz, te ngrihem,
Keshtu juve ju avitem,
Hopa dua te vertitem.

Jam e vogel dhe e pafajshme,
Asgje nuk bej une me dashje,
Mos me gjykoni si te rritur,
Sepse jam ende e mitur.

Edhe nje gje qe e kerkoj:
Te jem e paster deshiroj,
Bej nje shenje, nga padija,
Kontrolloni bythkat e mia.

Une veproj ashtu sic ndjej,
Kur jam ne qejf, ze kercej,
Filloj qahem, kur me pihet,
Filloj grindem, kur me flihet.

Nese te gjitha keto i kam,
Une kurre nuk bej gam-gam,
Jam e urte dhe lozonjare
Si nje bebe namuzqare.

Ka plot raste kur jam e qete,
Rri e ulur dhe loz me flete,
Lodrat e mia i trazoj,
Cdo gje dua ta kafshoj.

Por kur ju nuk tregoni
Perkujdesje te plotesoni
Nje kerkese nga te miat,
S'kam faj une qe i ul grillat.

Atehere ze bertas,
Duket sikur brohoras,
Zerin e ngre ne qiell
Sa shkundet thesi me miell.

Ju degjoni te habitur,
Duket sikur jam kokekrisur,
Por ju duhet te kuptoni
Detyrat qe nuk i zbatoni.

Mundoheni te me qetesoni,
Filloni dhe belbezoni,
Beni lajka si klloun
Sikur te ishit majmun.

Une aspak nuk dua t'ja di
Nga keto, Per Perendi!
Sepse une jam korrekt,
Kerkesat te zbatohen perfekt.

Prandaj une vazhdoj te qaj,
Lotin e derdh aman-aman,
Qe t'ju bej juve te ndjeshem,
Mos perseritni gabimin e djeshem.

Tani qe ja u thashe
Te gjitha dhe gje s'lashe,
Mos pyesni vehten perse
Naten grindem dhe nuk fle.

07/03/2013

Your imitation

You appear to us clear,
So naturally, I swear!
What you see, you play
From this life that is displayed.

Over everything we reck,
It's the talent you have
To imitate what you see,
To repeat what you hear.

You, the first joy of our family!
You, the first hope of our futurity!
You, the first source of our sweetness!
You, the first optimism of our goodness.

Since the first time you got out
On the road and you heard around,
The **car noise** you imitated,
At first, we were demented.

Our feelings are fixed
To you wished being,
Our eyes don't leave from you,
Our ears don't wither for thou.

In the beginning you were surprised,
And the eyes you raised towards the sky,
How the **plane** was flying
And what noise it was thundering.

We carefully follow you
In every moment, in every minute,
We follow your mental development
And every other healthy management.

Immediately you showed us,
Acting with the little hand up,
How the plane moves in the air
And the noise behind bears.

You learned very fast
*The trotter of the **horse** that ran,*
As a knight in the motion,
Imitate him with action.

But there are not one or two
All the things you will do,
*You imitate barking of the **dog***
When you see him on the road.

*You know how the **cat** meow,*
When she catches the mouse,
*You know how the **rooster** sings*
In the morning time for rousing.

*You know how the **clock** works,*
Tick-tock of it you echo,
*You listen when the **birds** tweet*
And your mouth tweets quick.

Above everything we have mentioned,
You are graduated in one imitation,
You have learned it yourself,
With no help from somebody else.

When you hear your grandma cough,
Your mimic voice comes out chop-chop,
Oh, how nice you mock
Her cough you adopt.

When you "cough" you're looking for
Your grandma to adore
You call her even "nana"
With the words, you are phenomena.

I will not linger further
Other imitation to nurture,
Because in this field of art,
You hold the gold medal.

Imitimi yt

Ti cfaqesh tek ne
Kaq natyrshem, te ze be!
Ti cfaq, cfare ti kap
Nga kjo jete qe eshte hap.

Mbi gjithshka qe veme re,
Eshte talenti qe ti ke,
Te imitosh cfare shikon,
Te perseritesh cfare degjon.

Ti, gezimi i pare i shtepise,
Ti, burimi i pare i embelsise,
Ti, shpresa e pare e ardhmerise,
Ti, optimizmi i pare i miresise.

Qysh se pari kur ti dole
Ne rruge dhe degjove,
Zhurme **makine** imitove,
Me te paren, na harbove.

Ndjenjat tona jane fiksuar
Tek ty qenia e uruar,
Syte tona nga ty nuk ndahen,
Veshet tona per ty nuk thahen.

Ne fillim ty te cuditi,
Dhe syte ne qiell t'i ngriti,
Aeroplani si fluturonte
Dhe me sa zhurme gjemonte.

Ne te ndjekim me kujdes
Ne cdo levizje, ne cdo akses,
Ndjekim zhvillimin tend mendor
Dhe cdo drejtim tjeter shendetesor.

Menjehere ti na tregove,
Me doren e vogel veprove,
Si ai fluturon lart
Edhe zhurmen nga pas mbart.

Ti mesove shume shpejt
Trokun e kalit *qe ec,*
Si kalorese me levizje
Na jep cfaqje aktive.

Por nuk jane nje a dy
Gjerat qe ti mire i di,
Ti qenin *e di si leh*
Ne cdo moment kur ate e sheh.

Ti di si mjaullin
Macja *qe kap minj,*
Ti di si **gjeli** *kendon*
Qysh ne mengjez kur te zgjon.

Ti di si **ora** *punon*
Tik-takun e saj imiton,
Ti cicerimen e zogut *degjon,*
Ciu-ciu goja te belbezon.

Mbi gjithshka qe kemi cituar
Ne nje imitim je diplomuar,
Ti ate vete e ke mesuar
Me te pare here qe e ke degjuar.

Nenen *tende kur kollitet,*
Nga gryka ty zeri te shqitet,
Oh, sa bukur qe imiton
Kollen e saj e adopton.

Kur "kolitesh" ti kerkon
Nenen tende te shikosh,
Ti asaj i thua **"Nena"**
Dhe me fjale, si ta ka kenda.

Nuk po zgjatem me tej
Tjeter imitim te gjej,
Se ne kete fushe te artit
Ti mban medaljen e arit.

11/12/2013

Your Movements

You cannot stay sitting long,
Frap, revolves like a ball,
Something close you have seen
And you're trying to reach it.

I see you how you stand,
Place yourself on your hands,
Upward your little bottom raise
Over those legs that stay strait.

I think you will creep
To reach what you have seen,
But, I am wrong in my thought
When I see how you go around.

Thrust your head on the mattress,
(I don't understand why you disguise it)!
I expect ahead you'll go,
But you push up again though.

You repeated this act
Two-three times with no haste,
Like that, dipped in the mattress,
Turn sideways as an actress.

From the health you distinguish
Because you possess it,
The hands and legs are chubby,
Round roly-poly.

Your mouth is muttering,
The hands and the legs never stopping,
You are forever versatile,
But when you sleep, you are silent.

I see you sitting on the bed,
But it lasts for a moment,
Left-to-right you are looking
And the stand you are changing.

Oh, how nice you roll!
Change the angle and stand more,
Your prat gets so rotund,
Over your legs aground.

In a while, your mouth doesn't stop,
it groans talking like in the shop
I understand what you're saying:
I want that toy for playing.

Like this you continue again,
Roll around, but not in vain,
Your body as mastic
Shrinks-extended as elastic.

Here, you approached the toy,
You attain it with a little effort,
You gripped it with your hand,
Now, you feel pleasant.

Close to the bed you are staying,
On the floor you are playing,
Time sat and time lie on the ground,
You are gyrating around.

Like that, quite unexpectedly,
You draw near to the bed suddenly,
The little hands you put on it
Catch the blanket and slide a bit.

Go on like this up and down,
You stuck the bed's gown,
Frap, you push the legs upward
And here, you are standing up.

You're retaining on your feet,
For the first time, you set up free,
You've done one more step in life,
Walking, after this, will be light.

Levizjet e tua

Ashtu e ulur s'duron dot,
Frap, vertitesh porsi top,
Dicka afer e ke pare
Edhe zgjatesh per ta marre.

Une te shoh se si ti ngrihesh,
Mbeshtetur ne duart e tua vihesh,
Edhe bythkat ngre perpjete
Mbi ato kembka qe i mban drejte.

Nga shendeti ti dallon,
Sepse ate e zoteron,
Duar e kembe jane mishtake,
Rrumbullake, topolake.

Une mendoj se do hiqesh zvarre
Te arrish gjene qe ke pare,
Por une jam i gabuar
Kur shikoj si ke vepruar.

Goja ty te belbezon,
Duar e kembe s'te pushojn(e),
E zhdervjellte je ngahere,
Vec kur fle je e pa ndjere.

E ngul koken ne dyshek,
(S'e kuptoj se pse e fsheh)!
Une para pres te shtyhesh,
Kurse ti perseri ngrihesh.

Te shoh ulur ne Krevat,
Por kjo kohe zgjat per pak,
Majtas-djathtas ti shikon
Dhe qendrimin devijon.

E perserit kete veprim,
Dy-tri here pa nxitim
Dhe ashtu, ne dyshek e zhytur,
Kthehesh anash, duke u vertitur.

Oh, sa bukur rrukullisesh!
Ndryshon kend dhe prape ngrihesh,
Permbi kembkat e tua te kolme,
Bythkat dalin aq te plotme.

Dhe nderkohe goja s'rri,
Ajo parreshtur hungerin,
E kuptoj se cfare po thua,
Do marr lodren qe e dua.

Dhe keshtu ti prape vazhdon,
Rrukullisesh, pe s'leshon,
Trupi jot porsi mastike
Mblidhet-zgjatet si llastike.

Ja tek lodra u avite,
Pak mundim, por nuk u shqite,
E mberthen ate me duar
Edhe ndjehesh e gezuar.

Prane krevatit po qendron,
Aty ne dysheme po lodron,
Here ndenjeur e here ne bark
Po vertitesh rreth e qark.

Ja ashtu, krejt papritur,
Tek krevati je avitur,
Dockat e vogla i mbeshtet
Pas atij dhe i rreshqet.

Dhe ashtu, duke u zhgryer,
Mbulesen e tij e ke mberthyer,
Frap, u jep kembeve perpjete
Dhe sakaq qendron e drejte.

Qendron mbi kembet e tua,
Per here te pare je ngritur pa hua,
Ke bere dhe nje hap ne jete,
Ecja, pas kesaj, do jete e lehte.

07/18/2013

The Game and the Talent

But, how we learned
What your ears heard
And your mind fastened
Those songs that listened?

One of them ended
With a kiss, tasted,
It expressed a "Mwaa",
Like you give it with your maw.

Your father bought a game,
A kind of piano, as a frame,
With full lights and songs,
With colors on the surface long.

When that song was played
And its end came,
You, with your hand on the mouth,
A "mwaa" gave with so couth.

He knew that you wish
To listen to the music when eat,
According to the music you clap
Those little hands.

It was a video clip,
Given in the moment just strict,
Because you still don't talk
To quote the song's words.

We realized before the end- day gone,
That you had learned those songs,
We couldn't understand a priori
Your unprecedented ability.

But you have learned that song
And give the kiss in a moment along,
This left us so blunt,
Wonder, with minds blocked.

We know that you are smart,
Every action, quickly you snap,
But, even the songs to engage
In the first year of your age!!

Nobody did endeavor,
To help you to play that toy
You yourself play the songs
Pushing the buttons as the tongs.

This left us spellbound,
Our minds were astound,
We cannot believe
What we were seeing.

We repeated the songs
To see if you could get along,
And it wasn't just random
The video clip you present.

But you did the same thing,
Repeated out the loud kiss,
And made us understand,
With you, even more, not to play.

Lodra dhe talenti

Por si ne e mesuam,
Cfare veshet a tu degjuan
Dhe mendja jote fiksoi
Ato kenge qe degjoi?

Nje prej tyre mbaronte
Me nje te puthur, shijonte,
Ajo jepte nje "Mwaa",
Qe ti shpesh e jep, pa hua.

Babi yt bleu nje loder,
Nje lloj piano sa nje gogel
Me drita dhe kenge plot
Dhe me ngjyra jo me kot.

Kur ajo kenge arriti
Dhe ne fundin e saj mbriti,
Ti me doren e vogel ne goje
Nje "Mwaa" e dhe si loje.

Ai e di qe ti pelqen,
Te degjosh muzike kur te ushqen,
Ti duart e vogla perpjek
Dhe ritmin e muzikes ndjek.

Ajo ishte nje video klip,
Qe u dha ne momentin me strikt,
Sepse ti akoma nuk fjalos
Fjalet e kenges te citosh.

S'kaloi dita dhe ne kuptuam,
Qe ti dhe kenge paske mesuar,
Ne nuk mund te kuptonim me pare
Aftesine tende te papare.

Por ti kengen e ke mesuar
Dhe puthjen e jep ne kohen e kerkuar,
Kjo na la ne te habitur
Mendje bllokuar, te topitur.

Ne e dime qe je e zgjuar,
Cdo veprim shpejt ke mesuar,
Por dhe kenge te mesosh
Pa bere vitin, ne kete moshe!!

Dhe askush nuk u perpoq,
Te te ndihmonte te mesosh
Kenget e lodrave te tua,
Ti vete i lot ato me duar.

Kjo na la ne gojehapur,
Mendja keq ishte kapur,
Nuk mund te besonim
Ate cfare po shikonim.

Kenget ne i perseritem
Te shikonim ne kishte ritem
Dhe nuk ishte rastesi
Video klipi qe ti di.

Por ti bere te njejten gje,
Perserite puthjen me ze,
Dhe na le ne te kuptonim,
Me ty me te mos lonim.

10/31/2013

The First Birthday

November the 8-th, today and forever
You are the date marked on the paper,
You are engraved in our minds,
You make our hearts beat hard.

What do we remember in this day?
Alexandria's vicissitudes,
Since the first day she was born,
Till today when she walks alone.

The year twisted around
Put days and months down,
Here is November the 8-th,
The Birthday to celebrate.

We remember that you were pulpy
Since a little baby, you were roly-poly,
You cried when you wanted to drink,
Cause you couldn't sleep without milk.

November the 8-th, 2013-een
Is a true jamboree,
Alexandria turns one year
Since we saw her face clear.

With your small hands you hold up
The milk bottle that you did not apart,
But slowly you started to understand
And to ask for more objects.

This will be a great ceremony,
The day is blessed by Saint Mill,
Alexandria was born a year ago,
And makes it brighter so.

You looked fantastic on the bed,
Lie down, where you slept,
Twisted as a drill
The little bottom up as a sail.

You started crawling
Back and forth dragging,
You dared to climb up the stairs,
You learn every exercise fast.

One day, suddenly again,
You stand up by yourself,
You were then eight months,
But you didn't fear to stand up.

You started to be flexible,
Feet and hands were playable,
You did not like to put the socks on
And you immediately took them off.

What else can we wait for?
Into the year you can walk,
You do not need a tutor anymore,
You are able yourself, adore.

You started more to walk
And more to look for,
With the nature fell in love,
With animals fraternized.

We impatiently started early
To see the first tooth, hurried,
But it would come out in its time,
It showed the crown in the 9-th month.

You started to listen to every sound
And those to imitate around,
You did that suddenly
And you astonished us instantly.

We celebrate the case with cake,
We dye, with it, our faces and hands,
It was the joy of your development,
Everything came at the right moment.

Since your first stutter
You say words better,
And those words are not in vain,
But they make you think well.

You have given us many poses,
As a talented actress, full of roses,
In every role you have played
The affection has an effect.

Forgive me, if I forget
Something small I reject,
Because you have so many performances,
In one year you reached the vertex.

Now, I want to raise a toast,
To drink it to the end almost,
To wish you a long life,
Full of health and having fun!

To wish you to find
Every happiness to have in your life!
To have unlimited love,
Because, for it, you are so kind!

To wish you to achieve,
In your life to succeed!
None of the obstacles to be
To stop you reaching it!

We all will be with you,
To support you to be powerful,
Because we want you to go upward
In every aspect to be satisfied.

Happy First Birthday!
As a happy baby to live every day!
You give us joy and happiness,
May you take even from us days!

Ditelindja e Pare

8 Nentor sot e perjete
Ti je date e shenuar ne flete,
Je i gdhendur ne tonat mendje,
Na i ben zemrat te rrahin me endje.

Cfare kujtojme ne kete dite?
Te Alexandrias peripecite,
Prej te pares dite ne jete
Deri me sot qe ecen vete.

Rrotull viti u vertit,
Morri me vehte muaj dhe dit(e),
Edhe mbriti me 8 Nentor
Ditelindjen te festojm(e).

Ne kujtojme qe ishe mishtake
Qysh e vogel topolake,
Qaje kur doje te pije,
Se pa pire ti s'mund te flije.

8 Nentor 2013-te
Eshte feste e vertete,
Alexandria mbush nje vit
Qe nga dita qe ka lind.

Me dockat e vogla mbaje,
Shishen e qumeshtit s'e ndaje,
Por ngadale fillove te kuptoje
Me shume gjera te kerkoje.

Kjo eshte dite e shenuar
Se Shen Milli e ka bekuar,
Alexandria kete dite ka lindur,
E ben ate me te ndritur.

Dukeshe fantastike
Kur gjumi te zinte,
E perdredhur si tryele
Bythkat perpjete si vele.

Fillove te ecje kemba dora,
Sa andej kendej, si lule bora,
Te ngjitje shkallet pate guxim,
Ti e mesoje shpejt cdo ushtrim.

Dhe nje dite, perseri papritur,
Ne kembe ti je ngritur,
Tete muaj atehere ishe
Por te ngriheshe frike nuk kishe.

Shpejt fillove te levizje,
Kembet me duar ti zije,
Corapet s'doje ti vishje
Dhe nga kembet frap i hiqje.

S'ka me shume cfare te presesh,
Brenda vitit vete te ecesh,
S'ke me nevoje per tutor,
Vehten tende e ke ne dor(e).

Fillove me shume te shetisje
Dhe me shume te sodisje,
Me natyren u dashurove
Dhe me kafshet u miqesove.

Qysh ne muajin e peste ne filluam,
Te shihnim dhembin e pare nxituam,
Por ai do dilte ne te vetin kohe,
Ne muajin e nente nxorri kurore.

Fillove cdo zhurme te degjoje
Dhe ato t'i imitoje,
E bere kete kaq papritur
Sa na le ne te habitur.

Festuam rastin me torte,
Lyem paq duart e turinjte tone ,
Ishte gezim i zhvillimit tend,
Cdo gje vinte ne kohe e me vend.

Tani, dua te ngre nje dolli,
Ta pi me fund per Ty,
Te te uroj Ty jete te gjate
Te shendetshme, te embel mjalte!

Te te uroj Ty qe te gjesh
Cdo gezim ne jete ta kesh!
Dashuri te pakufijshme
Se per te ti je e hijshme!

Qysh nga belbezimi i pare
Ke filluar te flasesh fjale,
Dhe ato fjale s'jane bosh,
Por te bejne te mendosh.

Te te uroj Ty qe te arrish
Suskseset ne jete ti perpish!
Te mos kete asnje pengese
Te dale para, te te ngece!

Shume poza na ke dhuruar
Si aktore e talentuar,
Ne gjithe rolet ku ke hyre
Perfeksionin ke arrire.

Ne te gjithe do te jemi me Ty,
Do te mbeshtetim me fuqi,
Sepse duam te lartesohesh,
Ne cdo aspekt te krenohesh.

Te me falesh ne harroj
Ndonje gje te vogel s'e kujtoj,
Sepse ti ke kaq shume arritje,
Sa per nje vit ti na mahnite.

Ditelindjen e Pare ta gezosh!
Femije e lumtur te jetosh!
Ti na jep gaz e hare
Marc dite edhe nga ne!
10/15/2013

The celebration of the birthday

The day came to celebrate,
The first birthday to congratulate,
We eagerly awaited
This day full of blessing.

Everything is organized,
Since the cake that is designed,
And the decoration of the home
With Mini Mouse adorn.

Sees around and gets excited,
The balloon rises,
You see that there is a change,
It is a day for revel.

Here the photograph came
Some pictures she will take,
We need some memories
With you angel so sublime.

Wearing the dress of ladybug,
You look like a little lady aristocrat,
That color enough serious
Gives you a view of the famous.

The smile on your face
Never leaves it anyway,
I see it from everywhere,
Its place on your face.

You start playing with them,
You touch them and pet,
Split with them every game toy
So they won't get hum and haw.

Here are coming two by two
Friends invited by you,
The subscribers are the peers,
With their moms, coming in.

You are born with this sense,
There's no need to convince,
Every child that you see
Excites your heart as a bee.

You are the princess of this fete,
Here, another dress you wear,
You are a Mini Mouse full of vivacity,
The balloon sees with jealousy.

The table is full of eating things,
Just as your nature, full of sweets,
Waiting you and other infants
To taste all those desserts.

But first, destroy that cake
That's waiting for you to break,
Like this bare in your skin
You are again a queen.

To the cream you are dyed
From head to foot you are daubed,
There is not any other painter
To do this, o decorator!

After you clean the body quickly,
Another dress worn you keeping,
Full of colors and twinkles
You are a star full of visions.

Your heart feels now joy,
Your being feels to rejoice,
Your life has just begun,
May it be full of charm!

Festimi i Ditelindjes

Sheh perreth dhe eksitohesh,
Tek balonat lartesohesh,
Ti e sheh qe ka ndryshim,
Eshte dite per festim.

Ja ku erdhi fotografi
Disa poza do ti marri,
Qe te kemi dhe kujtime
Me ty engjell kaq sublime.

Erdhi dita per te festuar
Ditelindjen e pare per te uruar,
Ne e prisnim me padurim
Kete dite plot bekim.

Gjithshka eshte organizuar,
Qe nga torta e dizenjuar
Dhe dekorimi i shtepise
Me Mini Mause stolise.

Veshur me fustanin prej esnafi
Dukesh zonje e vogel aristokrati,
Ajo ngjyre serioze
Te jep ty pamje famoze.

Buzeqeshjen ne fytyre
S'e ndan ne asnje menyre,
Une e shoh ate nga cdo kend,
Ajo aty ka bere vend.

Ti me ta fillon e luan
I perkedhel, i prek me duar,
Ndan me ta cdo loder loje
Qe ata te mos kene ndroje.

Ja ku vijne dy e nga dy
Miqte e ftuar nga ty,
Jane miqte moshatare
Shoqeruar me mamate.

Me kete ndjenje ti je e lindur
S'ka nevoje per te te bindur,
Cdo femije qe ti shikon
Zemren ty ta eksiton.

Ti princeshe e festimit je,
Ja, nje tjeter fustan veshur ke,
Mini maus plot gjalleri
Balona te sheh me kersheri.

Tavolina plot embelsira,
Ashtu si natyra jote e dlira,
Te pret ty dhe femijet e tjere
Ti shijoni si perhere.

Por se pari te shkaterrosh
Ate torte ta dermosh,
Ndaj e c'veshur ne lekure
Trupi jot eshte uverture.

Pllaq e plluq tek kremi ngjyesh,
Qe nga koka ne kembet lyesh,
Nuk ka asnje bojaxhi
Te lyeje me mire se ty.

Pasi trupin shpejt e lan,
Nje tjeter fustan veshur mban,
Plot me ngjyra e vezullime
Ti je ylli plot vegime.

Zemra jote ndjen gezim,
Qenia jote eshte ngazellim,
Jeta jote tani ka filluar,
Qofte ajo e ameshuar!

11/12/2013

You turn two years

Here we are:
At November the 8-th,
Two thousand and fourteen
We enumerate.

What has happened
During this year
For this girl
Do not astonish.

One year has passed
That I have not inscribed
Any verse for you
My wonderful love.

The sun appears
Since at dawn
How it will be
Clear or dim.

One year is twisted,
I have not written for you,
But do not think
I have forgotten too.

What I have written
For the first year
Is the sunrise
Brilliant and clear.

The year came around,
We have been in cahoots,
Every hour and day,
As inside and out.

It will be like this
Always her sun
Brilliant and clear
With too much light.

Her luster
Just has begun,
It will remain like this
To dusk.

The full development
Physical and mental,
A vital creature
With lots of potential.

A healthy child
Full of dynamics,
Prophetic cleverness
That truly astonishes.

She is avant-garde
Of the peers,
As the guide
Of the tourists.

The quiet kid
And full of conception,
With distinguished intellect
And imitation.

Active forever
She looks something for
From day to day
She learns more.

Her vocabulary
Increases every day,
In electronics
She is in advanced way.

She learns bilingual
Albanian - English,
She is phenomenal,
I say that without fear.

She has a beautiful countenance
As a miracle,
She attracts you
As an oracle.

See her in the action
How she behaves,
A child at this age
Personality displays.

I do not go further,
Everything is perfect,
For my Alexandria
The life promises success.

Happy Birthday!
-My precious soul-
In every birthday
May you be joyous!

Ti je dy vjet

Ja ku jemi:
Me 8 Nentor,
Dymijeekatermbedhjete
Numurojme.

Cfare ka ndodhur
Gjate ketij viti
Per kete vajze
Mos u cuditni.

Kaloi nje vit
Qe nuk kam shkruar
Asnje rresht per Ty
Dashuria ime e mrekulluar.

Dielli duket
Qysh ne mengjez
Si do te ece
I qarte, a mes resh.

U vertit nje vit,
Per Ty s'kam shkruar,
Por mos mendo
Se kam harruar.

Cfare kemi shkruar
Per vitin e pare,
Eshte mengjezi
Brilant i lare.

Viti rrotull erdhi,
Ne kemi qene bashke,
Cdo ore e cdo dite,
Si brenda dhe jashte.

Keshtu do te jete
Dielli i saj,
Brilant, i paster
Me shume zjarr.

Shkelqimi i saj
Sa ka filluar,
I tille do te mbetet
Deri ne te perenduar.

Zhvillim i plote
Fizik e mendor,
Krijese e gjalle
Qe shume premton.

Femije e shendetshme
Plot vitalitet,
Zgjuarsi profete
Qe te cudit vertet.

Eshte avantgarde
E moshatareve,
Si udherrefyesi
I udhetareve.

Femije e urte
Dhe plot kuptim,
Me intelekt te shquar
Dhe imitim.

Perhere aktive
Dicka kerkon,
Nga dita ne dite
Me shume meson.

Fjalori i saj
Rritet cdo dite,
Ne elektronike
S'ka nje te dyte.

Meson dygjuheshin
Anglisht – Shqip,
Eshte fenomen,
E them pa frike.

E bukur, e qeshur
Te mrekullon,
Te ben per vehte
Sa e veshtron.

E sheh ne veprime
Si reagon
Femije qe ne k'te moshe
Personalitet tregon.

Nuk zgjatem me,
Gjithshka eshte perfekte,
Per Alexandrian time
Jeta premton suksese.

Gezuar Ditelindjen!
-Shpirti im i vyer-
Ne cdo ditelindje
Qofsh e ngazellyer!

11/08/2014

www.ingramcontent.com/pod-product-compliance
Lightning Source LLC
Chambersburg PA
CBHW081659120626
46550CB00010B/2949